Contatti 2

Italian

Intermediate course

Second Edition

Coursebook and CDs

Mariolina Freeth and
Giuliana Checketts

HODDER
EDUCATION
AN HACHETTE UK COMPANY

Orders: please contact Bookpoint Ltd, 130 Milton Park, Abingdon, Oxon OX14 4SB. Telephone: (44) 01235 827720. Fax: (44) 01235 400454. Lines are open from 9.00 to 6.00, Monday to Saturday, with a 24-hour message answering service. You can also order through our website www.hoddereducation.co.uk

If you have any comments to make about this, or any of our other titles, please send them to educationenquiries@hodder.co.uk

British Library Cataloguing in Publication Data
A catalogue record for this title is available from the British Library

ISBN 978 1 444 13933 4

First Edition Published 2000
Second Edition Published 2006, revised 2011
Impression number   10 9 8 7 6 5 4 3 2
Year   2014 2013 2012 2011

Copyright © 2006 Mariolina Freeth and Giuliana Checketts

Cover photo Frédéric Daniau/Fotolia.com
Illustrations by Francis Scappaticci, Kay Dixey and Oxford Designers & Illustrators.
Typeset by MPS Limited, a Macmillan Company, Chennai, India
Printed in Italy for Hodder Education, an Hachette UK Company, 338 Euston Road, London NW1 3BH.

Acknowledgements

The authors and publishers are indebted to the following for use of their material in this book:
pp12-13 Alitalia, Galleria Ferrari, Compagnia Pisana Trasporti, Castel del Monte, Comune di Firenze, Eurostar Italia, Funivia Cable Way, Hotel Luna Convento Amalfi, Opera Veneziana, Piscina Lacugnano Perugia, Teatro Romano Verona; pp102-3 Benetton Group SpA; p133 Bompiano: extract from Alberto Moravia: *Agostino*; p143 © Andrea De Carlo 1992 (Vicki Satlow Literary Agency); pp16, 135 Domenica Quiz; p76 STET SpA; p15 Telecom Italia; p17 Teatro Vascello.

Articles: *Corriere della Sera* pp20, 36, 73, 95, 97, 134, 159; *Donna Moderna* pp42-3, 86; *Epoca* p30; *Oggi* pp109, 145; *Radiocorriere* p82; *La Repubblica* pp 62, 64, 65, 67, 89, 105, 120, 124-5, 127, 137, 155, 167, 180; *La Stampa* pp91, 157.

Every effort has been made to trace ownership of copyright. The publishers will be glad to make suitable arrangements with any copyright holders whom it has not been possible to contact.

Photo acknowledgements

The publishers would like to thank the following for use of their photographs: AKG-images/Erich Lessing: p1 Boticelli 'Birth of Venus'; p167 Cézanne 'Le Cabanon de Jourdan'. Alamy: p18 woman on phone (© Stock Italia); p94 (© Peter Horree); p142 (© Andre Jenny); p164 (© CuboImages srl); p166 (© John Arnold Images). Alinari: p108 old Rome (Schiamanna/Archivi Alinari). Art Archive: p121 Manzoni (The Art Archive/Palazzo Reale Milan/Dagli Orti); Leopardi (The Art Archive/Pinacoteca Civica Recanati/Dagli Orti). S. Baldwin: p38 (top); p34 cat. Benetton Group: p102 (bottom); p103 (top). Bridgeman Art Library: p33 Piero di Cosimo 'A Young Man' (Dulwich Picture Gallery, London UK). Corbis: p1 still from 'Il Postino'(© Tursi Mario/Corbis Sygma); p2 Cecilia Bartoli (© Gaetan Bally/epa); p29 (© Jose Manuel Ribeiro/Reuters); p33 Piero della Francesca 'Portrait of Federico da Montefeltro' (© Massimo Listri); p34 Italian football (© Christian Liewig/Liewig Media Sports); p35 (© Ajax/zefa); p43 Einstein (© Lucien Aigner); p95 (© Robert Ghement/epa); p108 Rome: modern view, (© Tibor Bognár); p111 (© Franco Origlia); p112 (© Vittoriano Rastelli); p120 (© LWA-Dann Tardif/zefa); p121 Grace Deledda and Pirandello (© Bettman Corbis); p122 (© Fabian Cevallois/Corbis Sygma); p123 Figlio di pescatori (© Tursi Mario/Corbis Sygma), Confidenze (© Corbis Sygma); p124 (© Dean Conger); p145 (© John Springer Collection); p162 (© Buddy Mays). Empics: p7 Dario Fo (Luca Bruno/AP Photo); p34 rugby (Mike Egerton); p61/62 cooling off (Bruno Mosconi/AP Photo); p74 Paolo Sorrentino (Corrado Giambalvo/AP Photo); p102 Luciano Benetton (Christof Stache/AP). Fiat: p50 (Fiat Auto UK). Getty Images: p103 Oliviero Toscani (Gareth Cattermole). Ronald Grant Archive: p97 still from 'L'eclisse' (CINERZ); p123 Portalettere and La prima uscita (Blue Dahlia Productions); p165 still from 'Thelma and Louise' (MGM). Ingram: p34 English breakfast. Kobal Collection: p6 still from 'Pane e tulipani' (AMKA/TSI/Instituto Luce); p74 still from 'Le Conseguenze dell'amore' (Medusa/Indigo Film); p74/84 still from 'Le Chiavi di Casa' (RAI Cinema). J. Lowe: p147 boy. Olympia: p7 Primo Levi (Mauro Piloni/Olycom). p108 Milan: modern view (Martinuzzi/Olycom); Palermo: modern view (Ph. Palazzotto/Olycom); p121 Lampedusa (© Archivi o Publifoto/Olycom); p157 (Roberto Gubert/Olycom); p160 (Photo SUD/Olycom). Rex Features: p7 Missoni family; p30 (Umdad C); p43 Tina Turner (Sipa Press); p48 (Renato); p108 old Milan (Alinari/Brogi). All other photos courtesy of the authors.

Introduction

Contatti 2 is an intermediate course for adult learners with a working knowledge of Italian equivalent to that reached in *Contatti 1*. If you can understand and communicate in Italian in basic everyday situations, *Contatti 2* will take you through to a higher level of study. The course is equally suitable for academic use and adult intermediate to advanced classes.

The book contains eight **units**, each divided into two or three free-standing sections requiring an average of three hours' class work each, making a total of about nine hours per unit. Each unit opens with a **Focus** page, a visual-cultural stimulus to conversation and new vocabulary. The *Contatti* approach is an involving one: authentic material presented in a way that stimulates discussion. The four skills – listening, reading, speaking and writing – are integrated. Students are asked to engage in real-life exchanges of information, often drawing on the material provided in the **Studente B** section at the back of the book. Debating and writing are progressively encouraged. At the end of each group of activities there are suggestions for more extended writing in a **Per casa** activity.

Grammar boxes are colour coded within units, and grammar is also summarised at the end of each unit. At the end of the book a **reference grammar** and **indice analitico** should become your best friends. The grammar covered in *Contatti 1* is regularly recycled and reviewed. The use of the past tenses is given a central position, while the conditional and subjunctive are introduced early on and expanded later in more complex situations.

Form of address. As *Contatti 2* addresses a mostly adult audience, the more formal *lei* is used in instructions to the exercises but students are encouraged to use both *tu* and *lei* in their interactions.

Contatti 2 is written in **Italian**. English is used occasionally in vocabulary boxes and regularly in the reference grammar at the end of the book for explanations and to translate examples. It also appears in the **Vocabolario funzionale** which is aimed at students who work independently in a target language environment. A **key to the exercises** and **transcripts** of recorded material are provided in the **Support Book** which accompanies the recorded material and is available on-line.

In this edition, themes, materials and figures reflect recent trends in Italian life while **Listening** is significantly exploited. Special attention has been given to **vocabulary** formation and idiomatic expressions. **Verb tables** appear at the end of the book to establish familiarity with regular and irregular verb forms and to speed up consultation.

The two CDs containing the Listening exercises are packaged with this book.

Contatti 2 grows out of years of classroom experience. As every teacher knows, an intermediate Italian class is a complex mixture of levels, experiences and expectations. *Contatti 2* addresses just those expectations.

Contents

Gente

- Incontri e presentazioni
- Parlare di viaggi
- Gusti e preferenze
- Contatti telefonici
- Info Italia

Risponda e confronti con lo studente alla sua destra.

a

Il nome Italia per lei si associa con:

- Vacanze al sole
- Musica, opera
- Il Rinascimento
- Città famose (Venezia, Roma)
- Cucina mediterranea
- Calcio

b

Quali prodotti italiani conosce?

- Macchine
- Abbigliamento
- Design
- Panettone
- Film
- Calzature

Un quiz sull' Italia

Pane e tulipani

Il postino

c

Tra queste, scelga tre
caratteristiche italiane:

- Comunicativa
- Generosità
- Senso pratico
- Impazienza
- Disinvoltura
- Allegria

d

Indichi due personaggi
contemporanei che conosce:

- Valentino Rossi
- Cecilia Bartoli
- Giorgia
- Missoni
- Massimiliano Fuksas
- Rita Levi Montalcini

e

Quale di questi scrittori conosce?

- Primo Levi
- Dante
- Dario Fo
- Pirandello
- Natalia Ginzburg
- Antonio Tabucchi

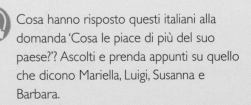

1.1

Cosa hanno risposto questi italiani alla
domanda 'Cosa le piace di più del suo
paese?'? Ascolti e prenda appunti su quello
che dicono Mariella, Luigi, Susanna e
Barbara.

A | Gente che va, gente che viene

▪1
Facciamo conoscenza

1 NOME E COGNOME				
2 ETÀ E LUOGO DI NASCITA				
3 TELEFONO				
4 OCCUPAZIONE				
5 STATO CIVILE				

6 CARATTERE

☐ dolce   ☐ allegro
☐ timido   ☐ sicuro di sé
☐ aperto   ☐ meticoloso
☐ chiuso   ☐ generoso
☐ ottimista   ☐ idealista
☐ pessimista   ☐ pratico
☐ distratto   ☐ preciso

7 STUDIO DELL'ITALIANO ☐ da un anno/sei mesi ecc.

8 CONOSCENZA DELL'ITALIANO ☐ elementare ☐ buona ☐ discreta ☐ ottima

9 FILM ITALIANI VISTI DI RECENTE

10 LETTURE IN ITALIANO

11 INTERESSI E PASSATEMPI

12 PERCHÉ L'ITALIANO?

13 VIAGGI IN ITALIA

14 AMICI ITALIANI

a
Intervisti un altro studente e riempia la scheda. Prepari prima le domande, usando le parole nel riquadro.

b
Trovi tre cose in comune con la persona che ha intervistato.

es:

Tutti e due abbiamo visto il film 'Cinema Paradiso'.

> **Per fare domande**
>
> Come   Quanto/a/i/e
> Che   Quale
> Che cosa   Dove
> Perché   Quando

c
Presenti la persona al gruppo e dica che cosa avete in comune.

es:

Vorrei presentarvi il signor Rossi e la signora Bianchi.
Ecco la signorina Bruni.

> Tutt**e** e due *(fpl)*
> Tutt**i** e due *(mpl– m/fpl)*   *both*

■2
Viaggi all'estero

1.2–1.5

a

Ascolti e segua i movimenti di ognuno sulla cartina. Riascolti e prenda appunti sulla scheda.

1.2–1.5

b

Provi a scrivere le domande base delle conversazioni senza riascoltare. Poi controlli con il CD.

NOME Paese di origine	RESIDENZA Dove	Da quanto tempo	SOGGIORNI ALL'ESTERO Dove	Per quanto tempo	MOTIVO

■3
Da quanto tempo?

Avete notato?

Si usa il **presente** + **da** + **tempo** se l'azione continua ancora:

Vivo a Manchester da dieci anni.

Si usa il **passato prossimo** + **per** + **tempo** se l'azione è finita:

Ho lavorato in Italia per tre mesi nell'84.

a

Da o **Per?** Completi le frasi a sinistra con le espressioni di tempo adatte a destra.

suono la chitarra	per quindici giorni
studio l'italiano	per sei mesi
abbiamo dormito	per dodici ore
Marco conosce Tania	da circa un anno
non vado in Italia	da secoli!
siamo rimasti a Palermo	da una settimana
sono sposati	dal 1997
piove	dall'estate scorsa
non mi telefona	da venti anni
sei in ritardo: ti aspetto	da tre giorni
il ministro ha parlato	da un'ora!
non ci vediamo	da molto tempo
ha vissuto a Praga	per un'ora
vive a Praga	da anni

b

Ora scriva una cosa che lei
- non fa da un po' di tempo.
- fa da molto tempo.
- ha fatto in passato per un po' di tempo
  e non fa più.

c

Faccia due domande a un altro studente usando:

Da quanto tempo (non) ... ?

Per quanto tempo ... ?

■4
Piccole biografie

1.2–1.5

a

Riascolti attività 2 e completi le schede
A e B con i verbi al passato. Scriva il nome.

b

Legga la scheda **C**: chi è questo famoso
viaggiatore italiano?

*Cristoforo Colombo   Marco Polo
          Amerigo Vespucci*

A

È nato in Inghilterra e vive da
sempre a Londra, ma la sua
famiglia viene originariamente
dalla Russia. ⬭⬭⬭⬭⬭⬭ per quattro
mesi in Francia molti anni fa per
seguire un corso di francese.
L'italiano lo ⬭⬭⬭⬭⬭⬭ solo per
tre mesi a Perugia anni fa, ma va
spesso in Italia per lavoro, ogni
tre o quattro mesi. ⬭⬭⬭⬭⬭⬭
molto sia in Europa che in
America. ⬭⬭⬭⬭⬭⬭ anche in Cina.

B

Ha passato un anno e
mezzo in Canada e sei mesi
negli Stati Uniti. Poi
⬭⬭⬭⬭⬭⬭ in Italia e
⬭⬭⬭⬭⬭⬭ a Pavia. Tre
anni dopo ⬭⬭⬭⬭⬭⬭ in
Spagna dove ⬭⬭⬭⬭⬭⬭
per tre mesi. Vive in
Inghilterra da quattro mesi.

C

È nato a Venezia nel tredicesimo secolo da
una famiglia di mercanti. Nel 1260 è
andato in Cina per motivi di lavoro insieme a
suo padre e a suo zio ed è arrivato in Cina alla
corte di Kubla Khan attraversando regioni
dove non era mai stato nessun europeo. È
entrato nel servizio diplomatico di Kubla
Khan ed è stato governatore per tre anni.
Nel 1292, sempre insieme al padre e allo zio,
è partito dalla Cina per accompagnare una
principessa mongola fino in Iran, e da lì è
finalmente tornato a Venezia nel 1295 dopo
quindici anni di assenza. Catturato dai
genovesi in una battaglia navale, ha scritto
in prigione un famoso e importantissimo
libro chiamato *Il Milione*. In poco tempo
Il Milione è diventato l'unica fonte di
informazione accurata in Europa sulla vita
e la geografia dell'Estremo Oriente.

Il passato prossimo

È nato a Venezia.

Ha scritto un libro.

Al passato prossimo con i verbi di moto e cambiamento e con i verbi riflessivi si usa l'ausiliare **essere**.

Con **essere** il participio passato si accorda:

Lelio è andat**o** a New York per lavoro.

La società italiana è cambiat**a** molto.

Vi siete divertit**i?**

Eccezioni: **viaggiare**, **camminare**, **ballare** vogliono **avere**:

Ho viaggiato molto nella mia vita.

Ieri abbiamo camminato per 4 ore.

Con i verbi che possono avere un oggetto si usa l'ausiliare **avere**:

Hai visitato Ravenna?

Abbiamo invitato amici a cena.

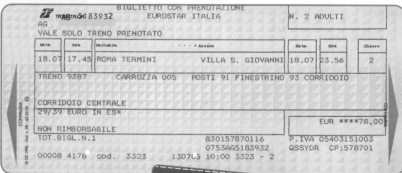

C

Che viaggi ha fatto lei?

Scriva una lista con le date e ne parli con un compagno.

Per casa

Racconti la storia di un viaggiatore famoso sul modello di Marco Polo a pagina 11.

■5
Il misterioso viaggio del signor X

(!) a Firenze
in Toscana
in Italia!

TEATRO ROMANO

estate teatrale veronese
25 giugno–4 settembre

L'Opera Veneziana in collaborazione con la "Mendelmusic"
Presenta: VII EDIZIONE ANNO 2005

OPERA SOTTO LE STELLE
PRENOTAZIONI TEL. 339 4838800 - 333 5212160
PREVENDITE: BOXOFFICE LAZIO - CIRCUITO GREENTICKET
BOTTEGHINO SUL POSTO

10 e 24 LUGLIO h. 21,30

G. Verdi

TRAVIATA
VILLA PAMPHILJ
(Via di S. Pancrazio, 10 - Porta S. Pancrazio)

G. Verdi nella villa di S. Agata

ORCHESTRA LIRICO-SINFONICA DI ROMA: Direttore: M. SCAPIN
M° SOSTITUTO: P. CIOGLI - REGIA: ZUARA
CORO "NOVA LYRICA" DIRETTO DAL M° A. CORSO - ATTREZZERIE: A. RICCI
SCENOGRAFIE CON I AGTH DESIGNER - COSTUMI ATELIER: De Gregorio
Informazioni anche ai numeri tel. fax **06 21707618 - 06 65795117**
Posto unico euro 25,00; ridotto euro 20,00

---

a

La polizia ricerca un pericoloso falsario (*forger*) e ha trovato una borsa abbandonata. Cosa c'è nella borsa? Faccia la lista dei documenti (usi **c'è / ci sono**).

b

Dov'è stato? Cosa ha fatto? Ricostruisca i movimenti del signor **X**: scriva una frase o due per ogni documento.

es:

È partito in aereo da Roma. (biglietto aereo)

 c

Studiate le foto e indovinate i gusti del signor X. Che cosa **gli interessa**? Che cosa **gli piace**? (quattro cose)

es:

Gli piacciono le macchine da corsa.
Gli interessa l' opera.

(!) piace / piacciono

gli / le

interessa / interessano

d

Che tipo è?
Trovi il contrario di ogni aggettivo come nell'esempio. Scelga gli aggettivi che secondo lei si applicano al signor X e faccia frasi.

es:

È un tipo misterioso … una persona interessante.

pratico/a	spendaccione
interessante	ignorante
normale	dinamico/a
socievole	misterioso/a
colto/a	romantico/a
pigro/a	solitario/a
avaro/a	noioso/a

e

E se il signor X fosse una donna?
La descriva.

Per casa

Racconti in 100 parole il misterioso viaggio del signor X. Usi un po' di immaginazione.

Dopo averlo scritto, lo registri (*record it*).

┌─────── **Espressioni utili** ───────┐
Secondo me …	All'inizio …	Prima …
Forse …	In seguito …	Poi …
Di sicuro …	Alla fine …	Infine …
└─────────────────────────────────────┘

■6
La vacanza di Raffaele

1.6

 Ora ascolti Raffaele.

1 Dove è andato?
2 Con chi?
3 Quali città hanno visitato?
4 Che città gli è piaciuta di più e perché?
5 Quanti giorni si fermavano in ogni città?
6 Cosa facevano la mattina?
7 Cosa facevano il pomeriggio?
8 Dove mangiavano?
9 Cosa facevano i ragazzi?
10 E dopo cena?
11 Che tipo è secondo lei Raffaele?

Guardate di nuovo i documenti del signor X.
Ci sono cose in comune con Raffaele? È possibile che Raffaele sia il signor X? Perché sì? Perché no? Parlatene.

┌─────────────────────────────────────┐
| Raffaele usa l'imperfetto per descrivere al passato. (vedi pag. 131) |
└─────────────────────────────────────┘

B | Tenersi in contatto

◼7
Scusi, c'è un telefono qui vicino?

 Studente A: Lei è in Italia e il suo cellulare è scarico. Deve trovare un telefono pubblico. Chieda ai passanti.
Ho bisogno di... Può dirmi...
C'è... Dove...

Studente B: Lei fa la parte di quattro passanti. Guardi la figura sotto e dica a Studente A dove può trovare un telefono.

es:

Vediamo. Ce n'è uno al bar all'angolo.

> **Ricordate?**
> sotto il l' lo la li gli le...
> vicino al all' allo alla ai agli alle...

> ## *Lo sapevate?*
> Oggi praticamente tutti usano il **cellulare** (o **telefonino**) ma si trova un telefono nella maggior parte dei bar.
> Per strada ci sono **cabine telefoniche**.
> Nei piccoli centri ci sono anche **telefoni a scatti** dove si pagano le unità (scatti) che si usano.

> (!) vicino **al** bar davanti **alla** stazione
> dietro **l'**angolo di fronte **al** tabaccaio

▪8
Qual è il prefisso?

Studente A: Deve fare alcune telefonate di lavoro in Italia. Chieda a **Studente B** i prefissi che mancano dalla sua lista.

Studente B: pagina 170.

BOLOGNA	
CATANIA	051
FIRENZE	095
MILANO	
NAPOLI	
PERUGIA	081
PISA	
ROMA	050
TORINO	06
VENEZIA	

> ### *Lo sapevate?*
>
> Il prefisso internazionale dell'Italia è 0039, seguito dal prefisso della città incluso lo zero e dal numero dell'utente (*subscriber*).
>
> *es:*
>
> *00 39 02 (Milano); 00 39 0746 (Rieti)*

— Pronto, signorina? Mi dia Milano!

— È lei Francesco Rossi? La vogliono al telefono!

▪9
Contatti telefonici

1.7

a
Ascolti e segni (✓) le telefonate di oggi.

TELEFONATA	1	2	3	4	5	6
Un ufficio	☐	☐	☐	☐	☐	☐
Un ospedale	☐	☐	☐	☐	☐	☐
Una ditta	☐	☐	☐	☐	☐	☐
Una casa privata	☐	☐	☐	☐	☐	☐
Un negozio	☐	☐	☐	☐	☐	☐
Un teatro/cinema	☐	☐	☐	☐	☐	☐
Un ristorante	☐	☐	☐	☐	☐	☐
La persona c'è	☐	☐	☐	☐	☐	☐
Non c'è	☐	☐	☐	☐	☐	☐
Bisogna richiamare	☐	☐	☐	☐	☐	☐
Il numero è sbagliato	☐	☐	☐	☐	☐	☐

1.7 b

Riascolti e completi le espressioni utili al telefono.

Pronto? Sono (⠀⠀⠀⠀⠀⠀⠀).
Chi (⠀⠀⠀⠀⠀⠀⠀)?
Vorrei (⠀⠀⠀⠀⠀⠀⠀) con…
Un attimo, (⠀⠀⠀⠀⠀⠀⠀) passo.
Scusi, (⠀⠀⠀⠀⠀⠀⠀) numero.
Quando (⠀⠀⠀⠀⠀⠀⠀)?
Va bene, (⠀⠀⠀⠀⠀⠀⠀) più tardi.

■10
Quante telefonate da fare!

a

Studente A: Faccia le tre telefonate a sinistra sulla lavagna. Usi le espressioni utili.
Studente B: Vada a pagina 170.

b

Studente B (questa pagina): Faccia lei le altre telefonate, usando la pubblicità in basso.
Studente A: Vada a pagina 170.

TELEFONARE DITTA SARRA - APPUNTAMENTO COL DIRETTORE

Chiamare dottor Menicucci per visita bambini - giovedì pomeriggio?

Fissare appuntamento parrucchiere - lunedì tra le 12 e le 4

Stasera Milan-Juventus! Ordinare cena cinese x 3 a domicilio

ORDINARE LA SPESA PER DOMATTINA - NEGOZIO DI ALIMENTARI

Chiamare Teatro Vascello - Locandiera - domenica sera - prenotazione per telefono? - biglietti: 1 intero + 1 ridotto

TEATRO VASCELLO
Tel. +39 06 588 1021

La Locandiera
di Goldoni
Regia di Giancarlo Nanni
14 marzo – 23 aprile

teatro
Vascello

STAGIONE
2005 2006

r e m i x

■11
Cellularmania

Che vuol dire? Usi il dizionario.

- fare la fila
- perdere il filo
- perdere tempo
- ai vecchi tempi

I.8

a

Ascolti la telefonata e scelga le parole giuste per completarla.

– Pronto Massimo, mi senti?

– Certo che ti sento, perché? Dove sei?

– Sono in banca, ⬭ e c'è confusione, c'è molta gente.

– Brava, ⬭ chiamarti anch'io per dirti una cosa però … lo sai che non mi ricordo più? ⬭.

– Non importa, ne parliamo stasera. Senti, non trovo le mie chiavi di casa, ⬭ essere lì sul tavolo. Le hai viste?

– Aspetta un attimo … sì, eccole.

– Menomale! Ora però ⬭ parlare, sono già alla cassa. E poi ho una riunione e non ⬭ arrivare in ritardo, c'è un sacco di traffico oggi.

– Ah il traffico! Ecco, adesso mi ricordo! Ho comprato una Vespa! Di seconda mano, carinissima! Non ⬭ con l'autobus stasera, ti vengo a prendere io. Se ⬭, chiamami quando finisci.

– Massimo, la Vespa! Che bellezza! Come ⬭!

b

1 Perché telefona Paola?

2 Perché c'è confusione?

3 Perché Massimo non le può dire una cosa?

4 Perché Paola non può continuare a parlare?

5 Perché non vuole arrivare in ritardo?

6 Che sorpresa ha Massimo per Paola?

volevo	sto facendo la fila	devono	ho perso il filo
puoi	non posso	perdere tempo	voglio	ai vecchi tempi

c

Scriva l'espressione idiomatica adatta, con la forma giusta del verbo.

1 Se mi interrompono, ⬭⬭⬭⬭⬭⬭⬭⬭ del discorso.
2 Vado in banca prestissimo per non ⬭⬭⬭⬭⬭⬭⬭.
3 Ormai tutti hanno il cellulare, chiacchierano al telefono per strada
   e in autobus! ⬭⬭⬭⬭⬭⬭⬭ era impensabile.
4 I londinesi ⬭⬭⬭⬭⬭⬭⬭ per prendere l'autobus.
5 Qualche volta è bello ⬭⬭⬭⬭⬭⬭⬭ e non fare assolutamente
   niente.

d

Ci sono diverse parole in italiano come **fila** e **filo**, che cambiano
significato secondo se sono maschili o femminili. Trovi sul dizionario il
significato nella sua lingua e faccia sei frasi in italiano.

colpa / colpo	banca / banco	soffitta / soffitto
porta / porto	posta / posto	foglia / foglio
moda / modo	partita / partito	gamba / gambo

es: _____

La porta è aperta.

La nave è entrata in porto.

e

Posso, devo, voglio (vedi pag. 25)
Trasformi le frasi come nell'esempio.

es: _____

Voglio partire oggi. (noi) > Vogliamo partire oggi.

1 Puoi telefonare più tardi?   (voi)
2 Non dobbiamo arrivare in ritardo.   (io)
3 Allora vuoi andare alla partita.   (loro)
4 Devi proprio vedere quel film.   (Anna)
5 Non posso parlare adesso perché voglio uscire.   (lui)
6 Non sa mai cosa vuole.   (loro)

■12
Via della telefonata

Misterioso dialogo d'amore sui muri di Via Farini

Chi è stato? Nessuno ha visto chi ha ricoperto i muri di Via Farini di targhe in polistirolo – una ventina in tutto, bianche e grandi come le targhe stradali. Ma i negozianti non hanno dubbi: è stata una *lei* che ha architettato tutto per parlare con un *lui*.

Le targhe sono tra il numero 50 e 60, e Emanuele Morganto, dalla sua macelleria al numero 61, ha un osservatorio privilegiato. Secondo lui si tratta di una donna che 'immaginando un dialogo, racconta la fine di un amore e chiede come questo sia mai potuto succedere.'

Uno dei cartelli infatti diceva *Perché ci siamo lasciati?* Ma pochi l'hanno visto, perché Norma Spagnoli lo ha strappato subito via dal muro vicino alla sua tintoria. 'Mi faceva rabbia – ha detto. – Un sacco di gente è entrata nel negozio chiedendo se per caso mi ero lasciata con mio marito.'

Il ragazzo del bar *Mac*, al numero 63, racconta: 'Mercoledì mattina ho pensato che tutti si fossero messi d'accordo per farmi

PRONTO
CIAO sono io

MA PERCHÉ
CI SIAMO
LASCIATI?

CON PAOLA VA
PIÙ O MENO
COME PRIMA

SEMPRE

uno scherzo. Molta gente è entrata chiedendo notizie di Paola' – e qui indica ridendo il cartello che dice *Con Paola va più o meno come prima* – 'ma io non conosco nessuna Paola!'

Su questa Paola si è acceso il dibattito. C'è chi dice che Paola è l'innamorata. E c'è chi dice che Paola è *l'altra*, cioè la causa della rottura fra i due. Intanto ai vigili urbani sono arrivate molte telefonate di protesta. Ma un vigile ha commentato, quasi dispiaciuto: 'A me è sembrato un bellissimo gesto d'amore e non capisco proprio che fastidio può dare. Magari qualcuno avesse fatto una cosa del genere per me!'

architettare	to devise
strappare via	to tear off
mi fa rabbia	it makes me angry
se per caso	if by any chance
un sacco di	a lot of
fare uno scherzo a	to play a trick on
meno male che	luckily
accendersi	to flare up
non riesco a…	I can't quite…
dare fastidio a	to bother
magari!	if only!

a
Quali di questi lavori compaiono nella storia?

commerciante	negoziante
poliziotto	salumaio
vigile urbano	macellaio
barista	padrona di tintoria
fornaio	postino

b
Queste affermazioni sono false. Corregga come nell'esempio.

es:

Le targhe erano di marmo.
No, erano di polistirolo.

1 Secondo i commercianti, è stato un uomo.
2 Emanuele Morganto non ha potuto vedere niente.
3 Norma Spagnoli si è lasciata con suo marito.
4 Il ragazzo del bar è innamorato di Paola.
5 Molta gente sa chi è Paola.
6 Le targhe danno fastidio a un vigile urbano.

c
Trovi nell'articolo i verbi al passato prossimo e li scriva in due colonne, una con **avere** e una con **essere**.

es:

ha *ignorato*   **è** *entrata*

d
Studente A e **Studente B** a turno. Uno di voi è il giornalista:

Lei che cosa ha visto?

Lei che ne pensa?

- Chieda a Emanuele Morganto che cosa ha visto.
- Chieda a Norma Spagnoli perché ha levato la targa vicino al suo negozio.
- Chieda al ragazzo del Bar 'Mac' chi è Paola.
- Chieda al vigile che ne pensa.

e

> **Gente**: sempre femminile singolare.

Scelga tra gente e persone.

1 Non ho mai incontrato ⟨ *persone* ⟩ così strane in vita mia.
2 Fa piacere a tutti trovare ⟨　　　　⟩ cortese nei negozi.
3 La piazza brulicava di ⟨　　　　⟩ di ogni tipo.
4 Ci sono posti a sedere per 65 ⟨　　　　⟩
5 Andrò a vederlo: molta ⟨　　　　⟩ mi ha parlato di quel film.
6 Molte ⟨　　　　⟩ sono già andate via, ma è rimasta parecchia ⟨　　　　⟩

Per casa
Immagini la conversazione tra **lui** e **lei** e la scriva. Usi anche le espressioni delle targhe a pagina 20.

C | Info Italia

■13
Le regioni

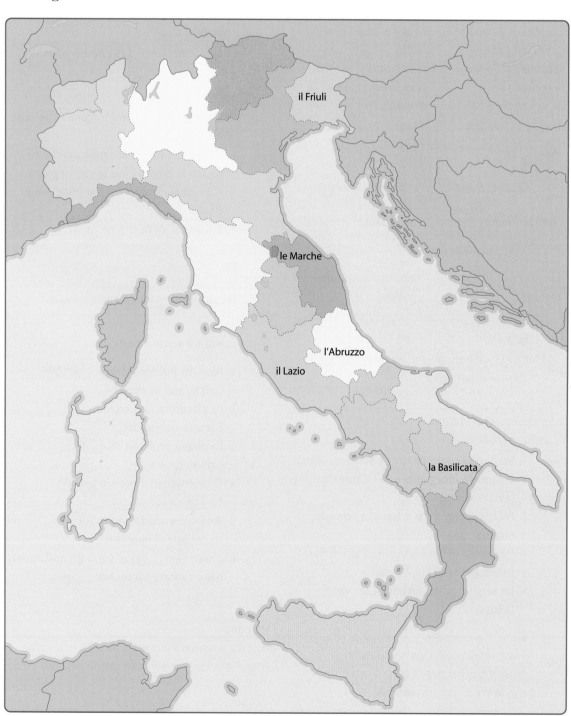

il Friuli

le Marche

l'Abruzzo

il Lazio

la Basilicata

a

Completi la cartina con i nomi delle regioni con l'articolo. Controlli su un atlante.

> Il nome delle regioni italiane in genere è femminile:
>
> La Toscana, la Calabria
>
> Sono maschili: il Piemonte, il Friuli, il Lazio, l'Abruzzo, il Veneto

b

Un piccolo quiz.

Che regione è? Si trova …
- nell'Italia centrale
- a nord di Roma
- a est della Toscana
- a sud dell'Emilia-Romagna
- a ovest delle Marche

Risposta: l'Umbria.

Studente A e **Studente B:** continuate il quiz con altre quattro regioni.

c

Quali città italiane conosce lei? Le scriva sulla cartina.

In che regione si trovano queste città dell'alfabeto telefonico?

Empoli	*in Toscana*
Orvieto	. . . .
Savona	. . . .
Udine	. . . .
Ancona	. . . .
Como	. . . .
Imola	. . . .
Domodossola	. . . .

Lo sapevate?

L'Italia settentrionale = l'Italia del Nord
L'Italia meridionale = l'Italia del Sud
I settentrionali = gli abitanti del Nord
I meridionali = gli abitanti del Sud

I FATTI
- L'Italia è divisa in 20 regioni.
- Ogni regione è divisa in province (il territorio delle città più grandi) e le province in comuni (i paesi).
- La regione è amministrata da un consiglio regionale eletto ogni 4 anni.
- La regione ha la responsabilità dell'assistenza sanitaria, della polizia, di parte della scuola, del turismo e dei trasporti.

Grammatica

■1
Signore, Signora, Signorina

Ci vuole l'articolo quando si parla di altri:

La signora Tassoni e **il** signor Moretti

Non ci vuole l'articolo quando si parla direttamente alla persona:

Buongiorno, signor Forte, come va?

■2
Da quanto tempo?

Se l'azione è finita:
passato prossimo + **per** + tempo:

Jean **ha lavorato** a Bologna **per** un anno.

Se l'azione continua ancora:
presente (o imperfetto) + **da** + tempo:

Studia il francese **da** molto tempo.

■3
Preposizioni di luogo

a + città/paese/villaggio	
in + regione/nazione/continente	

a Milano, **in** Lombardia, **in** Italia, **in** Europa

davanti		al, allo, all', alla
vicino	+ **a**	
di fronte		ai, agli, agli, alle

vicino **all'**uscita, di fronte **allo** studio

■4
Aggettivi e nomi in **e**

Possono essere maschili o femminili. Il plurale è sempre in **i**.

un viaggio interessante > dei viaggi interessanti
una nave inglese > due navi inglesi

■5
Il passato prossimo

Si forma con il presente di **essere** o **avere** + participio passato del verbo.

Si usa il passato prossimo per parlare di eventi e azioni finite nel passato, vicino o lontano:

Siamo andati in Africa dieci anni fa.
Maurizio ha già preso i biglietti.
Non hai ancora messo l'e-mail?

Per eventi storici e azioni molto lontane nel tempo, specialmente nella narrativa, si usa il passato remoto, vedi pag. 198.

Ausiliari: essere, avere

Essere: con i verbi di moto e cambiamento (intransitivi) e con i verbi riflessivi.

Con **essere,** il participio passato si accorda sempre con il soggetto:

La società italiana **è cambiata** molto.
Ci siamo divertiti un sacco alla tua festa.

Eccezioni: i verbi **camminare**, **viaggiare** e **ballare** vogliono **avere**:

Domenica **abbiamo camminato** per ore.
Ho viaggiato molto nella mia vita.

Avere: con i verbi che possono avere un oggetto.

Hai visitato Ravenna?
Abbiamo visto dei mosaici fantastici.

■6
Piacere, interessare

Con **piacere** e **interessare** il verbo si accorda con la cosa che piace
o interessa e non con la persona:

Mi interessano le lingue.
A Giorgio piace il golf, non gli piace giocare a tennis.

	una cosa: singolare	**più cose: plurale**
mi	piace il teatro	piacciono i gamberi
ti	interessa lo sport	interessano i libri gialli
gli/le, a Ugo, a Lia	piace sciare	piaccioni i filmi italiani
ci	piace cucinare	piacciono i dolci
vi	interessa il jazz	interessano le lingue
gli/a loro	piace l'opera	piacciono le feste

Per maggiore enfasi si usa **a + pronome**.

a me	**a te**	**a lei/a lui**
a noi	**a voi**	**a loro**

A lui piace il golf, a me piace il calcio.

■7
Gente

Gente (*people*) è sempre femminile singolare.

Ho conosciuto **gente** molto **simpatica**.
Ma:
Hanno telefonato **molte persone**.

■8
Presente di potere, dovere, volere

potere	**dovere**	**volere**
posso	devo	voglio
puoi	devi	vuoi
può	deve	vuole
possiamo	dobbiamo	vogliamo
potete	dovete	volete
possono	devono	vogliono

— Espressioni utili —

Tutti e due (*mpl, m/fpl*), Tutte e due (*fpl*)

Per fare domande
Chi?
Che cosa?
Come?
Dove?
Quando?
Perché?

Al telefono
Sono…
Con chi parlo?
Scusi, ho sbagliato numero
Richiamo più tardi

Per raccontare con ordine
All'inizio … In seguito …
Prima … Poi …
Alla fine/Infine …

2 Stili di vita

- Abitudini di vita al presente e al passato
- Descrizioni di persone
- Somiglianze e differenze
- Opinioni e lamentele
- Perché dire sì, perché dire no

L'elisir di giovinezza:

cinque personaggi rivelano i segreti della loro vitalità.

Prima di leggere vedi pagina 28.

FLAVIA SERRA
Presentatrice ha condotto molti quiz per le TV private. Sforna idee nuove in continuazione.

Dieta
Vado matta per pastasciutta, pesce, frutta e pizza. Sono sempre stata golosa di queste cose. Posso dire che mangiare bene non mi ha mai fatto male.

Sport
Fin da ragazza ho amato fare lunghe camminate a contatto con la natura. Amo moltissimo il mare.

Lavoro
Il lavoro è importante per me. Ho sempre lavorato con grande passione, ma non è l'unica cosa nella mia vita.

Fumo
Ho smesso di fumare tanti anni fa e da allora non posso lamentarmi della mia salute.

Alcool
Ho bevuto e bevo pochissimo e mai superalcolici. Mi concedo un aperitivo prima di pranzo.

Sonno
Mi piace molto dormire, è una delle mie passioni. Ancora oggi vado a letto verso le dieci, e se il lavoro me lo permette non mi alzo prima delle otto.

Letture
Leggo e ho sempre letto libri di ogni genere. E anche una quantità di giornali per tenermi al corrente.

Viaggi
Sì, ho viaggiato e viaggio molto. Mi tiene in forma, e ho dei ricordi stupendi.

MASSIMO CHILANTI
Musicista e direttore d'orchestra, da molti anni a capo di un conservatorio d'avanguardia che gestisce con grande vitalità.

Dieta
Amo la buona cucina. Però non ho mai esagerato, se non a cena con gli amici. Il mio piatto preferito? Il riso.

Sport
Non ne ho mai fatto, neppure da giovane. Né sci né nuoto. L'unica ginnastica che ho sempre fatto è stata quella di camminare.

Lavoro
Tanto, da sempre. Anche dodici ore al giorno prima di un concerto. Ho mille impegni. E nel tempo libero ancora oggi studio moltissimo.

Fumo
Ho fumato per anni senza troppe cautele. Da tre o quattro anni ho smesso ma la sigaretta mi manca, la cerco ancora.

Alcool
Il buon vino mi è sempre piaciuto, specialmente a tavola con gli amici. Ma non ho mai esagerato.

Sonno
Sette, otto ore per notte, né più né meno, le ho sempre fatte. E prima di un concerto importante mi sdraio per un paio d'ore.

Letture
Tantissime, in ogni momento libero. E se non c'è il tempo per un romanzo ci sono i giornali, a cui non rinuncio.

Viaggi
Giro moltissimo, ma il bello è che non amo molto viaggiare e non ho mai visitato un paese per turismo.

SANDRA MONTANI

Nota giornalista italiana, vivacissima e inarrestabile, non perde occasione per far sentire la propria voce.

Dieta
Ho sempre mangiato pochissimo, solo per nutrirmi: non per seguire diete particolari, ma perché non mi piace appesantirmi.

Sport
Ho fatto solo un po' di tennis e nuoto da giovane. Ma per nulla al mondo rinuncio alla mia passeggiata quotidiana.

Lavoro
È la mia droga, ho sempre avuto ritmi molto intensi. Sono capace di stare dieci ore di seguito a scrivere senza fermarmi.

Fumo
Non è mai stato un mio vizio, ma mi concedo una sigaretta ogni tanto, specialmente quando sono nervosa.

Alcool
Praticamente sono astemia, a eccezione di mezzo bicchiere di vino con la cena.

Sonno
Dormo pochissime ore per notte, soprattutto quando, periodicamente, soffro di depressione. E non faccio pisolini.

Letture
Per mestiere, tonnellate di giornali. Per passione, ho sempre divorato libri di ogni tipo, soprattutto di storia.

Viaggi
Il mio lavoro mi ha portato in giro per mezzo mondo anche per lunghi periodi.

SERGIO TOTANI

Attore. Viene da una famiglia di attori e ha interpretato più di trecento commedie girando i teatri di tutta Italia. Richiestissimo per ruoli comici.

Dieta
Il mio modo di mangiare è sempre stato equilibrato. Faccio eccezione per le spaghettate all'aglio, olio e peperoncino, che mi fanno impazzire.

Sport
Da giovane ho fatto tanto sport: non solo tennis ma anche atletica. Gioco ancora a tennis e vado regolarmente in palestra.

Lavoro
È la mia grande passione, il mio vero elisir di giovinezza. Reciterò sempre, finchè il pubblico mi sosterrà.

Fumo
Fino a pochi anni fa fumavo anche 60 sigarette al giorno. Poi, per amore della mia famiglia, ho smesso di colpo.

Alcool
Anche se non mi sono mai ubriacato, mi è sempre piaciuto. Mi concedo ogni tanto un bicchiere di champagne.

Sonno
Ho sempre dormito molto, più di otto ore per notte – e quando posso mi faccio un pisolino.

Letture
Ho divorato tanti libri, soprattutto di storia e di teatro umoristico. Dopo il teatro leggere è il mio grande amore.

Viaggi
Da anni e anni vivo con la valigia sempre pronta, a causa del mio lavoro che mi porta ovunque. Non mi lamento.

MIMMO COSTA

Imprenditore. Dirige da trent' anni l'azienda familiare. Fa parte di comitati internazionali dove è considerato un pozzo di scienza.

Dieta
Sono sempre stato un'ottima forchetta, e per il pesce alla griglia ho fatto spesso follie. Sulla mia tavola c'è sempre un piatto di cipolle rosse crude a insalata.

Sport
Da giovane un po' di nuoto e un po' di pallone e anche un po' di sci, come tutti. Ma non sono mai stato un vero appassionato.

Lavoro
Sono al lavoro alle sette del mattino, senza eccezioni. Ma ho sempre considerato il lavoro come un divertimento o un gioco d'azzardo.

Fumo
Tantissimo fino a qualche tempo fa. Ho smesso varie volte, ma ho sempre ricominciato nonostante i divieti dei medici. Dall' anno scorso però, basta.

Alcool
Mi piace, ma con moderazione. A un buon bicchiere non ho mai detto no, specialmente in allegra compagnia.

Sonno
Non dormo più di sei o sette ore in media. Ma dopo pranzo mi piace molto farmi un pisolino in poltrona, magari davanti alla televisione.

Letture
Riviste, giornali e ancora giornali. Qualche biografia ogni tanto.

Viaggi
Viaggio molto per lavoro, ma non sono un viaggiatore avventuroso, mi piacciono troppo i grandi alberghi.

A | L'elisir di giovinezza

Prima di leggere pagina 26: lei sa già cosa vogliono dire queste parole? Provi. Poi controlli con il vocabolario a pagina 47.

*Serra	*Chilanti	*Montani	*Totani	*Costa
sfornare	gestire	di seguito	di colpo	un pozzo di scienza
far male a	smettere	concedersi	recitare	un'ottima forchetta
tenersi al corrente	mi manca	astemio	ubriacarsi	in media
	sdraiarsi	pisolino	lamentarsi	magari

■1

a

Legga le interviste e sottolinei gli indicatori di tempo.

es:

Sono <u>sempre</u> stato goloso.
Non ho <u>mai</u> esagerato.

> *Avete notato?*
>
> **sempre, mai, spesso, ancora**
>
> Gli avverbi di tempo seguono il verbo.
> Nei tempi composti vanno dopo l'ausiliare.

b

Trovate nel testo chi da giovane:
• ha fatto atletica.
• ha giocato a tennis.
• ha fatto grandi camminate.
• non ha mai fatto sport.
• ha giocato a pallone.

Trovate:
• chi è il più pigro.
• chi è il più goloso.
• chi fuma di più e chi dorme di meno.

Scriva tre cose che lei:
• ha sempre fatto fin da bambino.
• non ha mai fatto.
• fa ancora.
• ha fatto fino a poco tempo fa.

c

Che vuol dire? Traduca.

1 da ragazzo/a		*as a teenager*
2 da giovane		◯
3 da bambino/a		◯
4 da vecchio/a		◯
5 fin da bambino/a		◯
6 fin dal 1986		◯

d

La mia passione

Trovi altre sei espressioni usate dai personaggi per indicare un forte interesse.

1 faccio follie per   *I am crazy about*
2
3
4
5
6
7

E lei? Faccia sei frasi.

e

Parlando del fumo Massimo dice:
'La sigaretta mi manca, **la** cerco ancora' …
Continui.

1 Sandra non fa mai pisolini…>
   non li fa mai.
2 Massimo gestisce bene il conservatorio…
3 Mimmo dirige l'azienda da anni…
4 Flavia legge libri di ogni genere…
5 Mimmo considera il lavoro un divertimento…
6 Flavia allo sport preferisce le passeggiate…

Pronomi personali (oggetto diretto)

lo, la   *him, her, it (m/f)*
li, le   *them (m/f)*

---

 f

Chi è?

Con un compagno adattate il modello a un personaggio di oggi noto a tutti. Presentatelo alla classe che dovrà indovinare.

g

Secondo voi, qual'è l'elisir di giovinezza? Discutete.

---

secondo me…   secondo voi…

per me…   per noi…

sono d'accordo con te, con lei, con voi

Per i pronomi personali dopo una preposizione vedi pagina 191.

Per casa

Scriva il suo profilo personale seguendo il modello (l'età non conta).
Non dimentichi le cose per cui lei 'fa follie'.

■2
Nanni Moretti. Vita privata di un uomo difficile

a

Legga e rimetta gli articoli dove necessario.

Tempestata di telefonate dai giornalisti, come tutti gli amici e i parenti di Nanni, ... signora Moretti è cortese ma irremovibile: 'Ho ... proibizione assoluta di parlare di mio figlio ai giornalisti. Del resto non l'ho mai fatto.' ... padre in questi giorni è drastico: 'Non ho nulla da dire, buongiorno.' Dunque ... più sincero e autobiografico regista italiano non vuole che ... famiglia parli di lui ai media. Forse perché ha sempre detestato ... giornalisti. O forse perché proprio recentemente è arrivato sugli schermi ... suo film più intimo e personale dopo *Caro Diario* e *Aprile: La stanza del figlio*.

Di Nanni Moretti sappiamo che attualmente vive a Roma (dove ha sempre vissuto) con ... sua compagna Silvia, veneziana. Ma anche ... rapporto con Silvia agli inizi era tenuto segreto, e molte volte al telefono lei lo chiamava 'Giovanni' invece di Nanni, per non farlo riconoscere dai colleghi di lavoro.

Di famiglia romana, Nanni è nato per caso a Brunico, sulle Alpi, dove ... suoi genitori erano in vacanza, e ha continuato da ragazzo ad andare in vacanza ogni anno con ... suoi a Vietri sul Mare. ... amici raccontano che ogni sera al tramonto partivano per interminabili nuotate.

Per Nanni infatti ... sport – nuoto e pallanuoto – è sempre stato importante. Nel film *Palombella rossa* per esempio ... partita è una metafora della vita. 'Era un giocatore vero, aveva tutti ... numeri per emergere,' ha detto Riccardo, suo compagno nella Nazionale Giovanile di pallanuoto. Ma Nanni ha lasciato ... sport per ... cinema.

b

Trovi nel testo:

1 una cosa che la signora Moretti non ha mai fatto.
2 un sentimento che Moretti ha sempre avuto.
3 il posto dove Nanni ha vissuto più a lungo.
4 una cosa che Silvia faceva spesso al telefono.
5 una cosa che Nanni ha sempre fatto da ragazzo.
6 una cosa che Nanni non fa più.

Scriva frasi complete.

c

Nell' articolo trovi il participio passato di questi verbi irregolari e scriva cinque domande su Moretti.

vivere	>	
fare	>	
dire	>	
nascere	>	
stare	>	

Per casa

Iniziando dal secondo paragrafo, e seguendo il modello, scriva una piccola biografia di Moretti.

■3
Somiglianze e differenze

a

Flavia parla dei suoi figli. Questo è il riassunto di quello che dice. Prima di ascoltare provi a completarlo usando un po' di immaginazione.

Stefano e Lorenza sono due ragazzi che hanno varie cose in comune. Anzitutto sono fratello e ((1)) Sono molto ((2)) tutti e due. Sia l'uno che l'altra hanno studiato per andare all'Università. Ma mentre Stefano ha già ((3)) gli studi e ora è laureato, Lorenza si è appena iscritta alla facoltà di ((4)) Tuttavia, ci sono molte differenze tra di loro.

Contrariamente a Stefano, che è ((5)) e non troppo alto, Lorenza è bruna e molto ((6)) Mentre Stefano, nei lineamenti, somiglia sia al padre che alla ((7)), Lorenza fisicamente somiglia ((8)) ed è piuttosto appariscente. Anche sul piano psicologico i due ragazzi sono ben diversi. A differenza di Stefano, che è un tipo molto ((9)), studioso e attento, Lorenza è allegra, un po' ((10)) e molto compagnona. Lorenza è un tipo ((11)), le piace nuotare e sciare; invece Stefano è soprattutto un intellettuale.

1.9

b

Ora ascolti e, se non ha indovinato, corregga.

I.9

c

Copi la scheda e riascolti Flavia. A chi somigliano i figli esattamente?

	Stefano	Lorenza
Che tipo è?		
• fisicamente		
• di carattere		
A chi somiglia?		
• in che cosa		

appariscente	*striking*
gradevole	*pleasant*
affilato/a	*(of features) thin, sharp*
zigomi	*cheek bones*
tratti del viso/	
lineamenti	*features*

I.9

d

Rimetta al posto giusto gli avverbi sotto, poi controlli con il CD.

> Stefano è alto, è differente da Lorenza perché è biondo mentre lei è scura di capelli. Somiglia a suo papà, quindi ha dei tratti fini. Somiglia anche a me nei tratti del viso, e invece di avere zigomi larghi ha una faccia affilata.

abbastanza (×3)	un po' (×3)
piuttosto (×3)	molto (×1)

e

Faccia quattro paragoni tra Stefano e Lorenza usando **più** … **di** e **meno** … **di**.

es: _____

Lorenza è più alta di Stefano.

> **L'avverbio** va prima dell'aggettivo:
>
> È davvero simpatica.
>
> ma dopo il verbo:
>
> Ama veramente il suo lavoro.

f

Molto *(very)* e **molti, molte** *(many)*

es: _____

*Stefano e Lorenza sono **molto** simpatici.*
*Lorenza ha **molte** amiche, Stefano ha **molti** interessi.*

Continui con sei frasi, scegliendo tra **molto** *(avverbio)* e **molto** *(aggettivo)*.

■4
Si somigliano?

a

Guardate questi tre ritratti e dite se si somigliano e in che cosa.

Il duca de Montefeltro (Urbino)

Francesco

Flavia usa queste espressioni. Usatele anche voi:

SOMIGLIANZE

hanno varie cose in comune
tutti e due
sia l'uno che l'altro
anche lui, anche lei

DIFFERENZE

mentre
contrariamente a
tuttavia
invece
a differenza di

Giovane uomo (Piero di Cosimo)

5

Parli con un compagno delle somiglianze e differenze tra

- Venezia e Londra (o la città dove lei vive)
- il calcio e il rugby
- un cane e un gatto
- la cucina italiana e la cucina inglese

Prenda appunti e scriva quattro paragoni usando **più … di** e **meno … di**.

Per casa

- Scriva un breve articolo per il giornale del suo quartiere su uno dei quattro argomenti sopra.
- Descriva due persone della sua famiglia sottolineando le somiglianze e differenze tra di loro.

B | Giovani e tendenze

allegri
fantasiosi
stupendi
incontentabili
brillanti
sereni
originali
inconfondibili
accurati
disinvolti
unici
avventurosi
indimenticabili
giovani
felici
liberi

Trovi nella pubblicità gli aggettivi che hanno questo significato:

- che non si può dimenticare
- per cui il rischio è indispensabile
- con cui non si può paragonare nessuno
- a cui vengono idee nuove
- che può agire come vuole e non è legato/a
- che non si accontenta facilmente
- che sta sempre a suo agio e non è mai impacciato/a

I giovani oggi sono davvero così secondo lei? Trovi tre altri aggettivi da aggiungere alla lista.

Che e **cui** sono pronomi relativi.

Il film **che** abbiamo visto ieri
Il film **di cui** ti ho parlato
Il motivo **per cui** ti scrivo

Cui si usa dopo una preposizione. (vedi pag. 45)

6

NEI GIOVANI BELLEZZA FA RIMA CON SUCCESSO. GINNASTICA, PROFUMI E UNA VITA AVVENTUROSA

Un'indagine sui comportamenti e le aspirazioni degli italiani dai 15 ai 25 anni

BOLOGNA – Fabio ha diciannove anni, lavora in un' officina al Gallaratese, un quartiere di Milano. La mattina si lava solo gli occhi: tanto non importa a nessuno perché tutto il giorno è coperto di polvere. Alle 17 stacca: andrà in discoteca la sera, motivo per cui si fa una toletta accurata (deodorante, gel per capelli). Mangia naturale e veste casual. La domenica gioca al calcio.

Cinzia, 20 anni, fa la commessa in un supermercato di una cittadina di provincia. Si considera 'disoccupata intellettuale' perché ha frequentato il liceo artistico. La mattina va al lavoro 'in ordine'. Due volte alla settimana va a ballare e dà sfogo alla sua passione per il trucco e i profumi intensi. Tra le sue maggiori aspirazioni, un lavoro indipendente e guadagnare molto. È divoratrice di giornali femminili da cui trae ispirazione per il suo *look*.

Marco, 21 anni, è un universitario di Milano. Gioca a baseball e veste classico ma discreto, con indumenti di alta qualità. Dedica molto tempo alla sua toletta. Si considera 'integrato e in linea'. Il suo genere di lettura preferito sono i libri di viaggi; ama le mostre e i musei.

Lucia, sedici anni, è studentessa magistrale: porta molti anelli e bracciali, possiede qualche capo di abbigliamento firmato, è figlia di un impiegato e di un'

insegnante. Dedica molto tempo agli amici (sono spesso vestiti nello stesso modo), fa spesso sport e anche cure dimagranti. Spende molto per i prodotti di igiene e bellezza.

Sono quattro esempi degli stili di vita di gran parte della popolazione giovane, secondo l'ultima indagine Eurisko, resa nota a Bologna in occasione della Fiera della Cosmetica. L'indagine era stata commissionata proprio per scoprire se nell' universo

dei valori giovanili *bellezza* si identifica davvero con *successo*. Il campione ha coinvolto 5000 ragazzi tra i 15 e i 25 anni, dai liceali – i più giovani – agli universitari che formeranno la maggior parte della nuova classe dirigente. Un mondo variegato che ha contribuito in modo fondamentale al recente incremento dei consumi privati (quasi il 4%).

Ragazzi e ragazze si sono buttati con fanatismo nella cultura del corpo (yoga, pilates, palestra, eccetera). In questa fase della vita sognano un'esistenza avventurosa, considerano importante la libertà sessuale e la vita attiva. Colpiscono in particolare le affermazioni degli universitari: amano le novità, si considerano aggressivi, hanno nuove idee. Tutto però gravita in un ambiente selezionato dove anche emozioni e affetti sembrano già 'in carriera'.

Anna Bartolini

polvere	dust
studentessa magistrale	primary school teacher trainee
indumenti	clothes
capi di abbigliamento firmati	designer clothes
dar sfogo a	give vent to
campione	sample

c

Vero o falso?

1 Fabio si sporca molto lavorando.
2 Gli piace lavarsi la mattina ma non la sera.
3 Cinzia frequenta il liceo artistico.
4 È disoccupata.
5 Va matta per i profumi.
6 Marco veste sportivo.
7 La passione di Lucia sono i gioielli.
8 È abbastanza conformista nel vestire.
9 Negli ultimi tempi i consumi privati sono aumentati.

a

A che cosa si riferiscono questi numeri?

19	= l'età di Fabio
17	=
20	=
2	=
21	=
16	=
4	=
5000	=
15–25	=
4%	=

d

Scrivete le domande che, secondo voi, sono state fatte ai ragazzi intervistati.

e

Ora prendete parte a un' intervista per la TV locale.

Studente A: Lei è il giornalista.
Studente B: Lei è uno dei quattro ragazzi: Fabio, Cinzia, Marco e Lucia.

b

Trovate nel testo le parole che indicano:
- **moda e vestiti**
- **cura del corpo**

Usate il dizionario se necessario.

f

Adesso parliamo di noi. Scriva:
- il capo di vestiario che le fa più piacere indossare.
- il tipo di vestiti di cui non può assolutamente fare a meno.
- il nome di due persone che considera eleganti – come si vestono?
- le cose per cui nel campo del *look*, lei spenderebbe anche molto.

Espressioni utili

Per quel che mi riguarda …
Personalmente …
Dunque …

Per casa

Scriva 150 parole: 'Io mi vesto così'.

▪7
Tendenze

Tre donne parlano del modo di vestirsi dei giovani oggi in Italia.

1.10–1.12

a

Ascolti e controlli il vocabolario a pagina 47. Decida quale sommario si riferisce a Daniela, quale a Silvia e quale a Maria Vittoria.

A

I ragazzi si vestono in modo molto vario e nelle città è sempre più diffuso il mercato dell'usato. Il look 'stracciato' oggi va molto, ma c'è sempre la moda 'accurata'. I ragazzi italiani sono considerati più attenti degli altri al modo di vestirsi e i più piccoli, sotto i quattordici anni, spendono più di tutti.

B

I ragazzi oggi, di qualsiasi classe sociale siano, amano la libertà nel vestire. Ormai non c'è più tanta differenza tra ragazzi di diversi paesi. La cosa più importante per decidere il loro stile è il gruppo a cui appartengono.

C

I ragazzi in Italia spendono abbastanza per vestirsi e il problema è che spesso le marche che vanno più di moda sono molto care.

1.10–1.11

b

Che cos'è? Riascolti Daniela e Maria.

1 Copre la testa e ha la visiera.
2 Prima li portavano solo gli uomini.
3 Un giacchetto di tipo sportivo.
4 Si porta anche senza cravatta.
5 Si mettono per andare in palestra.
6 Una maglia casual di cotone pesante.

Per casa o in classe

È importante vestire alla moda? Ne parli con un compagno e scriva 150 parole.

■8
Cosa ha fatto Fabio?

Trovi 15 verbi riflessivi che vadano bene con queste figure.

Scriva una frase al passato prossimo per ogni figura senza il numero. Un altro studente indovina.

Passato prossimo dei verbi riflessivi

mi sono lavato	**ci** siamo riposati
ti sei vestito	**vi** siete seduti
lei si è preparata	**si** sono sposati

Con i riflessivi si usa sempre l'ausiliare **essere,** quindi il participio passato si accorda:

Si sono sposati ieri.

Per casa

Scriva una piccola storia (100 parole) collegando le figure e usando i riflessivi al passato prossimo.

∎9
Opinioni

1.13

a

Prima di ascoltare, scriva tre cose di cui di solito si lamentano i genitori.

Ora ascolti Paolo e Carmela e segni (✓) solo le espressioni che sente.

però	a mio avviso
per carità	a mio parere
ma va!	infatti
come mai?	non mi piace per niente
se fossi in te	senti
se sapessi	è proprio vero
ma no!	mentre invece
secondo me	all' opposto
ma guarda	al contrario
che ne pensi	può darsi
pensi che siano	sono d'accordo
non se ne parla	penso che tu abbia ragione

b

Completi il quadro sotto con cinque espressioni usate da Paolo e Carmela per presentare o chiedere un'opinione.

1.13

c

1 Che problema ha Paolo?

2 Cosa fa suo figlio invece di studiare?

3 Perché la signora Rossi ha problemi con la figlia?

4 Come mai non si preoccupa del figlio?

5 Cosa pensa Carmela delle amicizie dei ragazzi?

6 Scriva tre cose di cui si lamentano questi genitori e confronti con **a.**

Riascolti e controlli.

d

Risponda esprimendo la sua opinione come nell'esempio.

es:

Secondo me i giovani oggi sono pigri.

– No, non **penso che siano** *pigri.*

– Sì, **credo che tu abbia** *ragione, sono pigri.*

1 Avere problemi con i figli oggi è la normalità.
2 I giovani non sono più quelli di una volta.
3 Per loro c'è il divertimento e basta.
4 Non sono più interessati allo studio.
5 Spesso hanno degli amici strani.
6 Per loro le amicizie contano più della famiglia.

penso che	**sia** vero
	siano pigri
credo che (tu)	**abbia** ragione
	abbiano molti amici

Dopo **penso che**, **credo che** si usa il congiuntivo (vedi pag. 46).

e

Basandovi sulla conversazione che avete appena ascoltato (vedi testo a pagina 171), scrivete un piccolo dialogo su ognuna di queste situazioni:

- i figli che ascoltano la musica a tutto volume
- il cane/il gatto che rovinano la casa
- il computer che si rompe in continuazione
- gli studenti che parlano al telefonino tutto il santo giorno

 Poi leggete i dialoghi con i compagni.

C | Vegetariani sì o no?

■10

a

Che ne pensate? Prima di leggere, discutete brevemente:

> No, non sono affatto d'accordo

> Sono assolutamente d'accordo

> Non so - Forse

1 Per i vegetariani la vita è difficile specialmente in viaggio.
2 I ragazzi e gli sportivi devono mangiare bistecche per produrre energia.
3 In Italia pochi sanno cosa vuol dire 'vegetariano'.
4 Rifiutare la carne vuol dire avere paura.

b

Ora leggete l'articolo e scrivete **Vero, Falso** o **Non si sa** accanto a ogni affermazione.

c

Un paragrafo **(I tuoi ospiti non mangiano carne?)** non è stato stampato. Scrivete voi il menu e confrontate con pagina 172.

> vegetariano: chi non mangia carne
> animalista: chi difende i diritti degli animali

Vegetariani: moda, mania o scelta intelligente?

Chi non ha pensato almeno una volta, dopo l'allarme della 'mucca pazza', di rinunciare per sempre alla carne? In Italia oggi lo fanno quasi tre milioni di persone. 'Per tutti – dice il presidente dell'AVI, l'associazione vegetariana italiana che conta circa 7000 soci – si tratta di una scelta etica: uccidere un animale per cibarsene è inaccettabile.'

Vegetariani Sì	Vegetariani No
Più vitamine	Più proteine animali
Più energia	Più minerali
Più sazietà	Meno problemi

I tuoi ospiti non mangiano carne? Ecco un menu tutto italiano.

Se la bistecca spaventa

Chi si astiene dalla carne può anche avere difficoltà a scaricare la propria aggressività. È questo il parere di Martino Ragusa, psichiatra. 'Mangiare carne rossa ha un forte valore simbolico: significa entrare in contatto con la nostra parte selvaggia.'

In viaggio, in vacanza

Tutte le maggiori compagnie aeree, compresa l'Alitalia, offrono menu vegetariani su richiesta. Il servizio è gratuito, basta avvertire alla prenotazione. In treno viene offerto sui grandi Rapidi come il Pendolino. Costo: sui 28 euro.

Seguaci di oggi

La scrittrice Dacia Maraini
Renato Dulbecco, Nobel per la medicina
Il cantautore Jovanotti
La cantante Tina Turner

Seguaci di ieri

Il commediografo irlandese G. B. Shaw (1856–1950)
Il compositore tedesco Wagner (1813–1883)
Il fisico tedesco premio Nobel Einstein (1879–1955)

d
A favore o contro

Due squadre, una a favore e una contro. A turno, presentate chiaramente il vostro punto di vista basandovi sull'articolo e sulla vostra esperienza. Vince la squadra che presenta più fatti e esempi.

Espressioni utili

Per discutere con i fatti alla mano

Fate un'affermazione per volta:

Sono a favore del/della …
Sono contro il/la …

e sostenetela con l'informazione adatta:

Infatti …
Per esempio …

■11
Che ne pensa Maria Vittoria?

 1.14 **a**

Ascolti e scelga le risposte migliori:

1 Per Maria Vittoria il vegetarianismo in Italia

    è favorito da un'antica tradizione ☐

    è un vero movimento ☐

2 A suo parere i vegetariani in Italia sono spinti

    da motivi idealistici ☐

    da motivi pratici, di dieta ☐

3 L'olio d'oliva extravergine

    è essenziale ☐

    è usato esclusivamente dai giovani ☐

4 Secondo molti la cucina italiana

    è poco divertente ☐

    è la madre della cucina vegetariana ☐

1.14

b

Riascolti e decida se Maria Vittoria è d'accordo con l'autore dell'articolo.

Per casa

- Scriva un dialogo tra un vegetariano e un carnivoro al ristorante.
- Aggiunga un paragrafo all'articolo intitolato 'Anche le scarpe sono animaliste?'

Parole utili: **pelle, tela, cuoio, gomma, cotone, plastica, legno, materiale sintetico, zoccoli, sandali, pantofole, stivali.**

Poi confronti con pagina 172.

■12
Cosa sono i GAS?

I GAS (Gruppi di Acquisto Solidale) sono gruppi di persone che si incontrano per ...

fare la spesa in comune **all'ingrosso** e a prezzi convenienti

evitare le grandi **catene di distribuzione** e il giro delle multinazionali

controllare la qualità e e i **metodi di lavorazione**

cercare **piccoli produttori** locali

scegliere **prodotti biologici** e **commercio equo**

a

Trovi nella figura le **parole chiave**:

1 prodotti ottenuti senza additivi chimici o fertilizzanti
2 sistemi per portare la merce ai negozi
3 il modo in cui viene prodotto il cibo
4 proprietari di piccole aziende agricole
5 potenti compagnie con basi in tutto il pianeta
6 commercio che si preoccupa di una giusta retribuzione per gli operai
7 in grandi quantità

1.15

b

Ascoltiamo Mario, ex insegnante e padre di tre figli.

1.15

c

Riascolti e completi il racconto trasformando i verbi come nell'esempio.

es: _____

Nelle domeniche libere <u>organizziamo</u> gite in campagna > ... <u>si organizzano</u> gite in campagna

1 <u>Cerchiamo</u> piccole aziende locali con cui <u>possiamo stabilire</u> un rapporto di fiducia.
2 In campagna <u>producono</u> ancora cibo genuino.
3 Noi <u>acquistiamo</u> all'ingrosso e <u>spendiamo</u> meno.
4 <u>Evitiamo</u> le multinazionali e <u>controlliamo</u> la qualità.
5 <u>Compriamo</u> frutta e verdura una volta alla settimana e <u>otteniamo</u> prezzi economici.
6 Così <u>creiamo</u> rapporti amichevoli nel vicinato.

> *SI* **impersonale**
>
> **si vende** casale in Umbria
> **si comprano** appartamenti moderni

d

Fatevi le domande:
- Cosa vogliono questi GAS? Cosa fanno in pratica?
- Che ne pensa lei? Ha mai fatto la spesa in comune con altri?

Per casa

Vantaggi e svantaggi della spesa solidale oggi.
(100 parole)

Grammatica

◼1
Altri usi di 'da'

da giovane, **da** bambino, **da** grande
as a young man, as a child, as an adult
fin da ragazzo: *since I was a boy*

◼2
Avverbi

L'avverbio di tempo va normalmente tra l'ausiliare e il participio passato nei tempi composti:

> L'ho **sempre** amata.
> Non ci sono **mai** stato.

L'avverbio di quantità va di solito prima dell'aggettivo, ma dopo il verbo.

> È **molto** simpatica.
> Cammina **poco**.

Gli avverbi di modo si formano in genere dal femminile dell'aggettivo o aggettivo in **-e** + **-mente**:

solo	>	sola**mente**
veloce	>	veloc**e**mente

(Attenzione agli aggettivi in -**le** e -**re**: normal**mente**, regolar**mente**, facil**mente**)

◼3
Pronomi relativi

che *(that/who/whom/which)*: è sempre soggetto o oggetto diretto.
cui *(whom/which)*: va sempre dopo una preposizione:

> la persona **che** è appena entrata
> una città **che** conosciamo bene
> l'uomo **di cui** si parla
> la rivista **da cui** prende ispirazione
> il motivo **per cui** esce la sera

N.B. Non si può omettere.

◼4
Presente indicativo (Revisione)

Verbi regolari

parlare	temere	dormire	finire
parl**o**	tem**o**	dorm**o**	fin**isco**
parl**i**	tem**i**	dorm**i**	fin**isci**
parl**a**	tem**e**	dorm**e**	fin**isce**
parl**iamo**	tem**iamo**	dorm**iamo**	fin**iamo**
parl**ate**	tem**ete**	dorm**ite**	fin**ite**
parl**ano**	tem**ono**	dorm**ono**	fin**iscono**

◼5
Verbi riflessivi: Passato prossimo

Nel passato prossimo i verbi riflessivi vogliono sempre l'ausiliare **essere** + **participio passato**.

(io)	mi sono		
(tu)	ti sei		svegliato/a
(lui/lei)	si è	+	seduto/a
(noi)	ci siamo		divertiti/e
(voi)	vi siete		
(loro)	si sono		

Il participio passato si accorda con il soggetto.
> Lia si è sedut**a**. Ugo si è alzat**o**.
> Lia e Ugo si sono divertit**i**.

◼6
'Si' impersonale

Si + verbo 3 persona singolare:

> Si va a piedi o si prende il bus

Si + verbo 3 persona plurale:

> Si comprano cose buone.

◼7
Pensare, credere e il congiuntivo

Dopo **penso che, credo che, immagino che**… si usa il congiuntivo.

> Penso **che sia** vero.
> Credo **che tu abbia** ragione.
> Immagino **che lui abbia** fame.

Ecco il congiuntivo presente di **essere** e **avere**:

	essere	**avere**
(io)	sia	abbia
(tu)	sia	abbia
(lui/lei)	sia	abbia
(noi)	siamo	abbiamo
(voi)	siate	abbiate
(loro)	siano	abbiano

Vocabolario

Focus (pagine 26–27)

Serra

sfornare	to churn out
far male a	to harm
al corrente	well informed

Chilanti

gestire	to manage
smettere	to give up
mi manca	I miss it
sdraiarsi	to lie down

Montani

sfiorare	to touch, be on the edge of
di seguito	one after another
concedersi qc	to allow oneself (s.th)
astemio	teetotaller
pisolino	nap

Totani

di colpo	suddenly
recitare	to act, perform
ubriacarsi	to get drunk
lamentarsi	to complain

Costa

un pozzo di scienza	a mine of (knowledge)
un' ottima forchetta	a good eater
in media	on average
magari	even

Tendenze (pagina 38)

stracci	rags
consapevoli	aware
non a caso	not by chance
visto che	since
appartenenza	belonging
rispetto a	compared to
trasandato	shabby
cavallo	crotch
felpa	sweatshirt
firma	designer logo
prende piede	catching on
benestante	well off
indossare	to wear
divisa	uniform

Espressioni utili

Per parlare di somiglianze e differenze

mentre…invece

l'uno/a…l'altro/a…

tutti e due

a differenza di

Per esprimere la propria opinione

secondo me

a mio parere

per quel che mi riguarda

personalmente

Per esprimere accordo e disaccordo

sono d'accordo con te

è proprio così

è proprio vero

non sono affatto d'accordo

Espressioni idiomatiche

faccio follie per

ho la passione di… del…

vado matto per…

sono un'ottima forchetta

per nulla al mondo rinuncio a…

ho mille impegni

Per indicare tempo

fin da bambino

3 Il grande rientro

- Richieste di cortesia
- Ottenere informazioni sul traffico
- Richiedere riparazioni
- Esprimere stati fisici (caldo, freddo, ecc.)
- Consigli di viaggio e indicazioni di percorso

SCATTA IL GRANDE ESODO TRA NUVOLE E INGORGHI

Ferie d'agosto, in viaggio 18 milioni di italiani. Chiudono le grandi fabbriche e la metà degli esercizi commerciali. Ancora Tir in fila Indiana sulla A1.

a

Fatevi le domande:

- **In che stagione siamo?**
- **Perché ci sono tante macchine?**
- **Succede solo in Italia?**
- **Lei si è mai trovato/a in una situazione simile?**

Guardate la foto e segnate (✓) nel riquadro solo le cose che vedete. Per le altre parole usate il dizionario.

furgone, automobilista, sorpasso, pullman, coda, ora di punta, ingorgo, camion, casello dell'autostrada, incidente, semaforo, motocicletta, corsia, roulotte, polizia stradale, multa, macchina, distributore di benzina, TIR, ponte autostrada

b

Scelga due aggettivi per parlare del traffico nella foto e la descriva a un compagno.

normale	scorrevole	intenso
ordinato	caotico	lento

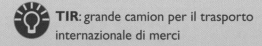

TIR: grande camion per il trasporto internazionale di merci

A | Sulle strade

■1
Appelli ai turisti

I.16

a
Lei sta viaggiando in macchina e sente alla radio questi appelli.
Prenda appunti.

Automobilista	Tipo di macchina	Targa	Dove si trovano	Richiesta
Il signor Erba				
Gina Rovato				
Edit Mara-Pilot				
Giacomo Schillizzi				

su una Fiat Regata	**in** un campeggio
nei dintorni di Pola	**vicino (a)** Trieste

Per una richiesta formale

è pregato/a		mettersi in contatto
sono pregati	di	telefonare a
		chiamare

b

Aiuti la Polizia Stradale a registrare (*record*)
degli appelli simili per turisti italiani in
Francia, usando le informazioni già pronte:

es:

*La signora Giovanna Verdi che viaggia su una Fiat
Punto grigia targata NV 278PTR e che in questo
momento si trova in un campeggio vicino Nizza,
è pregata di telefonare al più presto allo 0039 081
3691 015.*

NB: I nomi delle macchine sono femminili:
una Fiat, un' Alfa Romeo.

Guido Marra
Fiat Panda
blu
MV 569LTR
La Costa Azzurra
Nizza
contattare 011.56 89 952
entro domani

Ninetta e Anna Franciosi
Lancia Delta
nera
NT 317KSI
Carcassonne
tel. Clinica Margherita,
Torino, 02.648311
immediatamente

Enzo e Antonia Coveri
Nissan Micra
argento
GE 558BST
campeggio Provenza
dare notizie
tel. 013. 213455
appena possibile

Massimo Spada
Ford Escort
rossa
CN 125ZPR
Borgogna
Dijon
tel. Signori Maderno,
06.378890
urgente

c

Scriva avvisi con richieste formali per:
- passeggeri dell'Alitalia (borse sotto
  sedili – cinture di sicurezza)
- clienti di un supermercato (non carrelli
  vicino uscita)
- nuovi studenti di un corso di lingua
  (moduli per l'iscrizione – aula 5A)

I verbi sono (non nell'ordine):
completare, allacciare, mettere, avviarsi, lasciare.

■2
Radio AUT notizie

a

Prima di ascoltare:
Studi la cartina e trovi le
autostrade **A1**, **A4** e **A14**.
In che parte d'Italia si
trovano e quali città
collegano?

> **sulle** strade
> **sull'**autostrada
> **sulla** A1
> **su** tutta la A14
> **in** direzione Nord/Sud

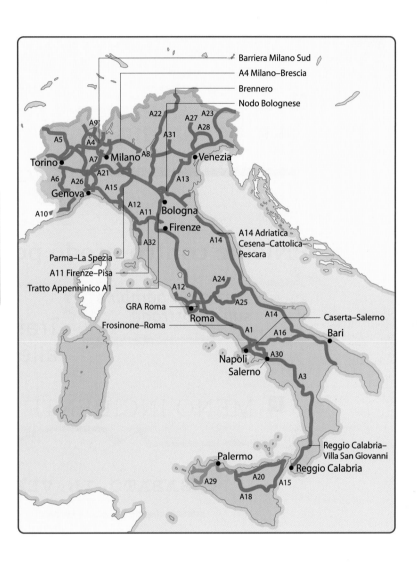

b

Completi le definizioni:

1 le grandi strade fuori città si chiamano
2 le strade bloccate dal traffico sono
3 le macchine si chiamano anche
4 molti automobilisti sono vittime di
5 le auto restano bloccate quando c'è un
6 la macchina che trasporta i feriti si chiama
7 il pedaggio per l'autostrada si paga al
8 il rientro dalle vacanze si chiama anche
9 molte macchine in fila formano code o

intasate
contro-esodo
incidenti
ambulanza
auto
casello
autostrade
colonne
ingorgo

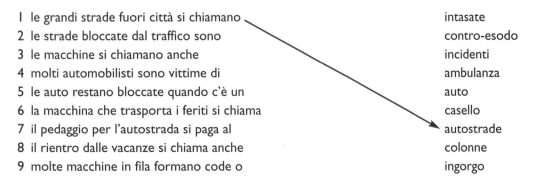

■3
Radio Aut Notizie

1.17

a

Ascolti e metta in ordine i titoli dei giornali
(1-7).

A TRE MORTI SULLE STRADE

B CIRCOLAZIONE LENTA E CODE NEL NORD

C Niente contro-esodo per ora

D Nasce un bambino sull'autostrada

E Traffico lento alle frontiere

F MENO INCIDENTI

G SABATO IL VERO RIENTRO

1.17

b

Riascolti e transformi i titoli in frasi:

es:

Tre morti sulle strade >
Tre persone sono morte in incidenti stradali.

c

Studente A: Dica a Studente B quali sono le buone notizie e dove.
Studente B: Dica a Studente A quali sono le cattive notizie e dove.

esodo: la fuga dalle città per le vacanze a fine luglio
contro-esodo: il ritorno in città a fine agosto

■4
Consigli di viaggio

a

Riascolti bene Radio Aut e dia un consiglio:

- al signor Poli che vuole andare a Mugello a vedere il Gran Premio di motociclismo
- alla signora Martino che deve rientrare a Venezia passando per Trieste
- alla signorina Viotti che è diretta in Francia
- al signor Bruscati che è diretto a Palermo in Sicilia

Usi l'imperativo con il **lei**.

es:
_____

Non prenda l'A5 oggi: ci sono problemi.
o:
_____

Vada tranquillo ... ecc.

L'imperativo con il lei

-ARE	-ERE	-IRE
rient**ri** (rientrare)	prend**a** (prendere)	part**a** (partire)
		finis**ca** (finire: **-isco** vb)
		veng**a** (venire: irreg.)

Forma negativa: **non** + **imperativo**:   Non part**a** così presto.

Per casa

Ascolti un bollettino del traffico nella sua zona e scriva un breve notiziario nello stesso modo.

■5
Istruzioni

a

Le istruzioni per le attività di *Contatti* 1 e 2 sono date normalmente con il **lei**.
Ne trovi dieci e faccia una frase per ognuna.

es:
_____

Ascolti > Ascolti bene il bollettino del traffico.

Lo sapevate?

scus**i**
guard**i**
sent**a**
ved**a**
dic**a**
prego, si accomod**i**

Queste comunissime espressioni sono tutti imperativi con il **lei**.

■6
Vietato fumare

L'imperativo negativo

(LEI): **non** + **imperativo**: | (TU): **non** + **infinito**:

Non parli mentre guida! | Non andare a questa velocità!

Non vada così forte!

a

Lei è in Italia con il suo capufficio, il signor Brown, che non sa bene l'italiano e non capisce i cartelli. Il signor Brown. …

1 … *fuma* al ristorante.
2 ( ) fotografie al museo.
3 ( ) il cane al supermercato.
4 ( ) a 60 km l'ora vicino a una scuola.
5 ( ) cartacce per terra.
6 ( ) alle 11.30 dove è vietato.

Gli dica di non fare queste cose. Usi il **lei.**

es:

Per favore, non fumi.

| fumare | fare | buttare |
| andare | portare | parcheggiare |

b

Questa volta il suo amico è italiano e giovanissimo, si chiama Marco. State facendo un giro in Vespa in città. Marco …

1 … *lascia* la Vespa dove non è permesso.
2 Al parco ( ) l'erba.
3 Allo zoo ( ) agli animali.
4 In un negozio ( ) le borse in vetrina.
5 ( ) sull'autobus in corsa.
6 ( ) la porta invece di tirare.

Gli dica di non fare queste cose. Usi il **tu.**

es:

Marco, non lasciare la Vespa lì!

| spingere | dare da mangiare | lasciare |
| calpestare | toccare | portare |

■7
Quantità indeterminate

a
Scelga la forma giusta.

Il tempo oggi.

Solo qualche/del soffio di vento disturberà il weekend. Si aspettano quindi delle/qualche belle giornate di sole, a parte delle/qualche nuvola sulle regioni settentrionali a partire da venerdì.
   Lunedì molto nuvoloso, ma anche qualche/dello sprazzo di sole. Piogge sparse a Nord Est con dei/qualche brevi temporali sulla costa adriatica.
   Le temperature saliranno di qualche/un po' di grado. Mari poco mossi.

b
Unisca le due colonne e formi frasi:

1 Ho qualche amico	da dirti.
2 Devo fare qualche	in pelle?
3 È venuto Antonio, ha	telefonata.
qualche libro	sbagliata.
4 È venuta Marta. Ha	a Perugia.
qualche cosa	da darti.
5 Mi fa vedere qualche borsa	
6 Ci hanno dato qualche	
informazione	

c
Trasformi le frasi: al posto di **qualche** usi **dei, degli, delle** e il plurale, come nell'esempio.

es:

*Ecco **qualche** consiglio per viaggiare bene. >*
*Ecco **dei** consigli per viaggiare bene.*

Qualche (*some, any*) è singolare e invariabile.

   Si prevede qualche nevicata sull'Umbria.
   C'è qualche problema sulla A1.

Verbi e sostantivi con **qualche** vanno sempre al singolare.

Per indicare una quantità indeterminata si usa anche **del/dei/degli/della/delle** ecc. (vedi pag. 68).

d
Aggiunga le preposizioni alle espressioni di tempo dove le sembra giusto. Poi completi le frasi sotto.

fra	per (x 2)	fa	da (x 2)

- qualche minuto
- qualche mese
- qualche ora
- qualche istante
- qualche giorno
- qualche parte

1 Dovremmo aver finito il lavoro
   (   ).
2 Elio ha cambiato casa, ora vive a Roma (   ).
3 Hai parlato con Armando recentemente? Sì, ha chiamato (   ).
4 L'espressione del suo viso è cambiata nel giro di (   ).
5 Vediamoci all'una. Vorrei parlarti solo (   ).
6 Il Gran Premio di Monza è molto lungo, dura già (   ).

■8
La macchina: la nuova 500

Si viaggia bene anche in quattro persone, un cane e due valigie.
È ....

Si parcheggia facilmente!
....

Ha stile!
....

È l'ultimo modello!
....

Va forte, arriva fino a 125 Km l'ora!
....

Non si rompe mai!!
....

Ha l'aria condizionata
....

Ha le cinture di sicurezza davanti e dietro
....

Consuma pochissimo!
....

VELOCE	ECONOMICA	ELEGANTE	CONFORTEVOLE	SPAZIOSA
COMODA	SICURA	MODERNA	RESISTENTE	MANEGGEVOLE

a

Scelga un aggettivo e lo scriva sotto ogni commento.

b

Studente A: Lei ha appena comprato una nuova *500* ed è entusiasta della sua macchina. La descriva a Studente B.

Studente B: Lei ha una Ferrari. La descriva a Studente A.

c

Che tipo di macchina è? Unisca con una freccia.

Ferrari	una carretta
Lamborghini	da corsa
Cinquecento	di lusso
Vecchia macchina	utilitaria

■9
Alla stazione di servizio

La ruota	Il parabrezza	Il faro	La batteria	I freni	La benzina	L'olio
È	....	....	....	....	....	....

1.18

a

'Accidenti! Si è rotta la macchina.'
Ascolti e scriva la parola giusta sotto ogni figura per indicare il guasto.

non funziona	it's not working
rotto/a	broken
a terra	flat (tyre)
guasto/a	not working
scarico/a	flat (battery)

b

Con un compagno scriva un dialogo per ogni figura.

es:

a. *Buongiorno. Dica?*
b. *Buongiorno. Senta, la ruota sinistra davanti è a terra. Potrebbe aiutarmi a cambiarla?*
a. *Sì, signora. Gliela cambio subito.*

1.18

Riascolti e controlli. Legga i dialoghi col compagno.

Avete notato?

Per una richiesta formale:

Potrebbe/le dispiacerebbe + infinito:

Scusi, potrebbe aiutarmi?

---

c

Con un compagno, a turno, faccia tre richieste:

• a un cameriere al ristorante
  (portare: acqua – pane – il conto)
• a un compagno in classe
  (dare: foglio di carta – penna)
• a una persona per strada
  (dire: l'ora – un telefono – Piazza Navona)

Pronomi doppi

glie**lo**, glie**la**, glie**li**, glie**le**

Gliela cambio subito.

10
Un guasto sull'autostrada

 Una telefonata all'ACI.

Studente A: Lei è un meccanico dell'ACI. Un automobilista con un guasto alla macchina telefona dall'autostrada. Faccia le domande e completi la scheda. Prima prepari una lista delle domande. Cominci cosi:

– 'Pronto, ACI, buongiorno. Il suo nome per favore … non sento bene … può ripetere per favore? Come si scrive? ecc …'

Studente B: Lei è l'automobilista con il guasto. Vada a pagina 173.

Quando avete finito scambiatevi i ruoli.

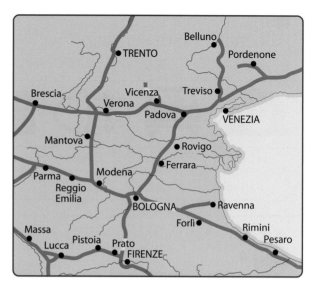

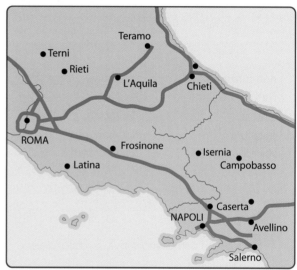

Nome Cognome	Numero di targa	Tipo di macchina	Colore	Autostrada	Direzione	Problema

 ACI: Automobil Club Italiano

■ 11
Un incidente evitabile

Io sono uno che al volante non perde la calma. Non mi arrabbio se qualcuno mi taglia la strada. Negli ingorghi aspetto seduto pazientemente; agli incroci cerco di non creare problemi, mi fermo cortesemente per lasciar passare altre macchine; non sono mai passato col rosso, non ho mai detto una parolaccia.

Eppure un giorno, con mia grande meraviglia … ho perso la pazienza! Ho lasciato la mia nuova Cinquecento in un parchimetro in una stradina e sono andato a fare delle spese. Dopo mezz'ora sono tornato carico di pacchi, sognando un caffè. Cosa ho trovato? Una Renault parcheggiata parallela alla mia, così vicina che non c'era spazio per uscire. E aveva anche lasciato le luci di emergenza accese!

Ma dovevo andare via. Ho cercato di uscire infilandomi nello spazio dietro a lui, facendo lentamente marcia indietro, cercando di non danneggiare la macchina che era dietro a me. Purtroppo, però, mentre mi muovevo in avanti, sono andato a sbattere contro lo sportello della maledetta Renault.

Sempre più infuriato, ho continuato a cercare di uscire, sbattendo sempre più forte. La rabbia mi faceva sentire onnipotente … mi sembrava di combattere contro tutti gli egoisti che parcheggiano in doppia fila, ai semafori, agli incroci, sui marciapiedi oppure mettono in moto e partono senza indicare. Una piccola folla si era intanto radunata per godersi lo spettacolo.

Insomma, alla fine di questa battaglia, la Renault aveva un enorme bozzo sullo sportello e la mia macchina aveva una striscia bianca lungo tutto un lato. Normalmente anche un piccolissimo graffio mi fa entrare in crisi, ma questa volta ero contento, convinto di aver dato una bella lezione a un egoista.

Purtroppo, questo attimo di follia mi è costato 500 euro per le riparazioni.

a
Trovi l'equivalente nel testo:
- muovere la macchina indietro
- passare un semaforo quando è proibito
- parcheggiare a fianco di un'altra macchina
- segno leggero lasciato su una superficie
- parole offensive

b
Normalmente, quando guida, cosa fa il proprietario della Cinquecento
1 agli incroci?
2 negli ingorghi?
3 se un automobilista gli taglia la strada?
4 se il semaforo è rosso?
5 se è arrabbiato?

Per casa
Lei è una delle persone che hanno assistito alla scena. Scriva quello che ha visto.

c
Sicuramente lei non farebbe queste cose.
Legga le frasi usando il condizionale.

es:

perdere la pazienza > *non perderei la pazienza*
1 parcheggiare in doppia fila
2 infilarsi in uno spazio ristretto
3 lasciare le luci di emergenza accese
4 sbattere contro il parafango
5 danneggiare la macchina

Il condizionale		
-ARE	-ERE	-IRE
am**erei**	scriv**erei**	part**irei**
am**eresti**	scriv**eresti**	part**iresti**
am**erebbe**	scriv**erebbe**	part**irebbe**

NB. I verbi in **–are** cambiano la **–a** in **–e**:

Il tempo camb**ie**rà. Mi camb**ie**resti 20 euro?

B | Che afa!

■ 12
Caldo, sete, fame

a

Che cos'ha?

Scriva la riposta per ogni figura.

1 Perché mescola la polenta?
2 Perché è vestita pesante?
3 Perché tiene i piedi nell'acqua?
4 Perché indica l'orologio?
5 Perché beve alla fontana?
6 Perché ha gli occhi chiusi?

Che cos'hai? Che cos'ha? Cosa c'è?
What's the matter?

	sete
ho	freddo
hai	caldo
ha	sonno
abbiamo	paura
avete	fretta
hanno	fame

b

Chieda agli altri studenti. Scopra chi ha davvero fame, freddo o fretta nel suo gruppo in questo momento.

1.19

c

Ascolti senza scrivere il racconto di Gianni.

Cerchi di ricordare le espressioni enfatiche e completi:

1 una fame	cane
2 una sete	bestiale
3 una fretta	da lupo
4 una paura	tremendo/a
5 un sonno	allucinante
6 un freddo	da morire
7 un caldo	spaventosa

Riascolti e controlli.

d

Uno studente mima, gli altri suggeriscono un rimedio (imperativo con il **tu**):

es:

*Se hai fame, **mangia** un panino.*
*Se hai freddo, **mettiti** un maglione.*

L'imperativo (*tu, voi*)

-ARE	-ERE	-IRE	-ARSI
parl**a**	scriv**i**	dorm**i**	svegli**ati**
parl**ate**	scriv**ete**	dorm**ite**	svegli**atevi**

Negativo con il **tu**: **non** + **infinito**:

Non parl**are**, non scriv**ere**, non dorm**ire**, non svegli**arti**.

Attenzione: il pronome si attacca alla fine dell'imperativo:

Svegli**ati**, prendi**ti** un caffè. Ragazzi, alzate**vi**.

Piccole, grasse e contente

Non hanno sete.
Non hanno fame.
D'estate stanno bene al caldo,
D'inverno non hanno freddo.
Amano il sole
ma stanno bene anche all'ombra.
Più facili di così?

Comprati una **pianta grassa.**

Tienila vicino a una finestra
o piantale in giardino.

■ 13
L'Afa

 a

Conversazione. A tutti piace l'estate: quali sono secondo voi i vantaggi del caldo? E gli svantaggi?

b

Ora legga l'articolo e trovi un esempio di: presente – presente riflessivo – passato prossimo con *essere* – passato prossimo con *avere* – forma passiva – infinito – futuro

Pronto soccorso in tilt, fabbrica ferma per AFA

Decine di disidratazioni. A Carini stop a un impianto.

Dalle cinque di ieri mattina è arrivato lo scirocco, ha portato la temperatura a 45 gradi e ha disintegrato l'energia della gente. I lavoratori in fabbrica si rifiutano di mettere la tuta, i tecnici dei condizionatori hanno una lista di prenotazioni di quindici giorni, e per parlare con i vigili del fuoco c'è un'attesa di cinque minuti al telefono perché sono quasi tutti fuori a affrontare gli incendi.

Una città spossata, chiusa in casa per non affrontare quello che c'è fuori. D'altronde, se fuori ci sono 40 gradi e sono solo le nove del mattino, è chiaro che la giornata non promette nulla di buono – soprattutto per chi è costretto comunque a lavorare.

Molti giornalisti, per esempio, ieri sono stati mandati a casa e le interviste cancellate. E questo non è niente in confronto ai saldatori della ditta Imes di Carini. Gli operai di questo settore sono stati temporaneamente messi in cassa integrazione per non farli lavorare con queste temperature.

Gli unici che non possono permettersi di rinunciare al lavoro sono gli operatori del freddo. I tecnici dell'aria condizionata sono infatti sommersi dalle chiamate di intervento, e in qualche caso hanno dovuto dire 'potremo venire solo tra quindici giorni.'

E visto che il caldo può essere anche un business, ecco che le bancarelle davanti alla Stazione Centrale hanno iniziato a vendere anche ventilatori.

Negli ospedali della città arrivano i primi casi di malori dovuti al caldo. Molte persone anziane che vivono sole arrivano al pronto soccorso quasi disidratate.

Ma se i medici sono sotto pressione, almeno i vigili urbani sono tranquilli. Il traffico è quasi inesistente, rari gli incidenti.

afa: s.f. Aria calda, soffocante

tuta	*overall*
spossato/a	*without energy*
affrontare	*to deal with*
saldatore	*welder*
mettere in cassa integrazione	*to make redundant*
visto che	*given that*
bancarella	*stall*
il pronto soccorso	*first aid*
vigili del fuoco	*fire fighters*
i vigili urbani	*traffic police*

c

Rilegga: Chi lo pensa?

1 Questa tuta non me la metto, mi fa sudare.
2 Mi sento male, dev'essere il caldo, ho bisogno di un'ambulanza.
3 È vero che l'intervista è andata in fumo, ma almeno posso farmi una bella doccia.
4 Mi dispiace, al momento sono tutti fuori, riprovi più tardi.
5 Il telefono ha squillato in continuazione.
6 Si tratta solo di disidratazione, non si preoccupi.
7 Non si vede una macchina, non ci sono incidenti. Fantastico!
8 Menomale, avremo una vacanza pagata.
9 Ho aperto solo stamattina ma ho già fatto affari d'oro.

d

Visto il caldo di ieri, spieghi com'è andata la giornata per queste persone.

es: ⎯⎯⎯⎯⎯⎯⎯⎯⎯⎯⎯⎯⎯⎯⎯

Un giornalista:
È tornato a casa perché hanno cancellato le interviste.

- un operaio in fabbrica
- un vigile del fuoco
- un medico dell'ospedale
- un venditore ambulante

e

Per espandere il vocabolario.

Molte parole – verbi, nomi, aggettivi – hanno la stessa radice. Con l'aiuto del dizionario trovi il nome o il verbo che manca.

(NB: i verbi sono all'infinito).

verbi	sostantivi
Disidratare	Disidratazione
	Lavoratori
Rifiutare	
	Prenotazione
	Attesa
	Incendio
Promettere	
	Chiamata
	Intervento
Iniziare	
	Pressione

Per casa

Un suo amico va a Palermo. Gli mandi un' email con quattro consigli. Usi l'imperativo con il **tu** (vedi pag. 61).

es: ⎯⎯⎯⎯⎯⎯⎯⎯⎯⎯⎯⎯⎯⎯

Mi raccomando, non uscire.

C | L'altra vacanza

■ 14
Sul Lago Dorato

a

Prima di leggere fate la conversazione usando il **tu**:

- Sei mai andato/a a cavallo? Quanto tempo fa?
- Ti è piaciuto? Perché?

SUL LAGO DORATO

Per gli amanti della natura e degli animali, niente di meglio di una passeggiata in sella lungo i percorsi più suggestivi!

Il lago della Duchessa, il più alto e forse il più piccolo del Lazio, a quasi 2000 m di altezza, è nascosto in una piega dell'Appennino (ora riserva naturale) tra il Lazio e l'Abruzzo.

È un percorso abbastanza duro, compensato però alla fine da uno spettacolo senza uguali. Richiede circa mezza giornata.

Al bivio poco prima di **Corvaro** si prende la strada bianca a destra e si arriva subito al recinto del **Centro Cavalli**. Uscendo dal centro, si prende il sentiero a destra che passa sotto **l'autostrada Roma-l'Aquila**, la A24, prima del tunnel. Il sentiero comincia quasi subito a salire tra la fitta vegetazione. Il sentiero non è difficile da seguire, ma la salita è dura per i cavalli.

Dopo circa 3/4 d'ora di cammino si esce allo scoperto: il panorama è stupendo, e neanche l'autostrada riesce a rovinarlo. Si sale ancora un po' e davanti agli occhi si apre una piccola valle verde con una capanna di pastori, ideale per una sosta. Siamo al **Coppo dei Ladri**, che in passato era la strada dei briganti tra il Lazio e l'Abruzzo.

Si continua seguendo i segnali gialli e rossi fino al **Fonte Salomone**, che è l'unica sorgente della zona. Qui ci si riposa e si fanno bere i cavalli che avranno sete: sono già passate quasi due ore.

Quasi dietro l'angolo e solo all'ultimo minuto, (sotto il Monte Velino, a destra), si vede il lago: uno specchio d'acqua piccolissimo, ma un posto di grande fascino. Lasciando il lago si prende a sinistra e si arriva alla sorgente **La Vena**, vicino a un'altra capanna abbandonata. Il sentiero quassù è duro, ma migliora verso il fondovalle. Qui si gira a sinistra sulla strada bianca verso **Corvaro**. Si passa sotto l'autostrada, e l'arrivo è ormai vicino.

1.20

b

Ascolti e legga. Sottolinei i verbi che danno le indicazioni dell'itinerario.

es: _____

Si prende la strada bianca.

1.20

c

Riascolti. Completi la cartina con i nomi dei posti e segni l'itinerario con frecce.

CAMPO FELICE

ROMA-L'AQUILA

CORVARO

Alessandro Troisi

d

Studente A: Un amico sta per partire per il Lago della Duchessa e le farà delle domande.

- Prepari le informazioni su:
  posizione del lago
  difficoltà del percorso
  panorama
  soste
  descrizione del lago
  quanto tempo ci vuole

sentiero	*path, track*
salita	*climb*
capanna	*hut*
sosta	*stop*
specchio d'acqua	*sheet of water*
fondovalle	*valley floor*
sorgente	*spring*

- L'amico ha una piantina simile alla sua, ma senza i sentieri. Gli indichi la strada da seguire. Usi l'imperativo con il **tu**. (Vedi pagina 54 e 61.)

Studente B: pagina 174.

(Soluzione a pagina 181)

e

L' articolo dice: 'qui ci si riposa'. Che altro si può fare nel corso dell'escursione? Usi i verbi riflessivi sotto con la struttura impersonale.

> divertirsi, annoiarsi, stancarsi, riposarsi, rilassarsi, rinfrescarsi, dissetarsi, accorgersi

Avete notato?

Il *si* impersonale (vedi pag. 68)

'si prende la strada a destra'

Con i verbi riflessivi: **ci si + verbo**:

'ci si riposa'

f

Dopo aver fatto l'escursione al Lago della Duchessa, che le è piaciuta moltissimo, lei scrive il diario della sua giornata.

Per casa

Scriva l'itinerario per una gita a piedi nella campagna vicino alla sua città, usando il **si** impersonale.

Cominci così: Si parte da…

■15
Intenzioni

a

Vorrei …, **mi piacerebbe** … *(I would like)*.
Il condizionale esprime desideri e intenzioni. Ecco tre verbi irregolari* che già conoscete. Completateli.

volere	potere	dovere
vor**rei***	pot**rei***	dov**rei***
. . . . .**resti**	pot**resti**	dov. . . . .
vor**rebbe**	. . . . .	dov. . . . .
vor**remmo**	pot**remmo**	dov. . . . .
vor.	pot.	dov**reste**
vor.	pot**rebbero**	. . . . .**rebbero**

1.21

b

Ascolti Ugo e Piero senza leggere.

c

Cosa hanno detto? Cerchi di ricordare.
Completi con il condizionale.

Ugo: Quest'anno ◯◯◯◯◯ fare qualcosa di diverso. Kitesurf per esempio. Mi ◯◯◯◯◯ imparare, ◯◯◯◯◯ prendere qualche lezione.

Piero: Kitesurf? Ma è difficilissimo! Non ◯◯◯◯◯ da dove cominciare – e poi le lezioni ◯◯◯◯◯ un occhio.

Ugo: Per una volta non importa. Perché non vieni anche tu?

Piero: A pensarci bene, ◯◯◯◯◯ anche a me, anche se forse ◯◯◯◯◯ un po' di paura.

Ugo: E allora, io ◯◯◯◯◯ iniziare con le lezioni e tu ◯◯◯◯◯ osservare un poco prima di cominciare, per farti un'idea. ◯◯◯◯◯ bellissimo, no?

Piero: E dove ◯◯◯◯◯?

Ugo: Non so ancora, ◯◯◯◯◯ guardare sull'internet. Ho sentito di un posto sul Lago Trasimeno …

Erano questi i verbi?

avrei
potresti   piacerebbe (2)
       sarebbe
dovrei   si andrebbe
vorrei (2)   costerebbero
       potrei   sapresti

d

Ecco cos'ha da dire su questo nuovissimo sport Paolo Silvestri, 45 anni, presidente della Federazione Italiana Kitesurf.

Chi inizia sia prudente. Per fare follie c'è tempo.
   Il kitesurf è bello, spettacolare, ma se non lo pratichi seguendo le regole e usando cautela può essere pericoloso. Si deve avere abilità tecnica, forza muscolare e un'idea di cosa sia il vento e il mare. Bisogna imparare a manovrare i cavi con il vento. Se si fa uno sbaglio, cavi e vela possono cadere a una velocità impressionante. Se si sta troppo vicino alla spiaggia, c'è il rischio di colpire altre persone e di farsi male, naturalmente. È uno sport che ti costringe a adattarti a continui cambiamenti, a ricercare un equilibrio.

e

Ugo è un tipo spericolato, Piero è più cauto.
Legga il testo di Paolo Silvestri e scriva cosa farebbe Ugo (4 cose) e cosa farebbe Piero (4 cose) iniziando il kitesurf. Usi il condizionale.

es:

Ugo non sarebbe prudente…
Piero non farebbe…

 f

E voi, cosa fareste se foste in vacanza su un lago?
Parlatene e scrivete un paragrafo. (noi)
Parole utili: **nuotare, prendere una barca a remi, fare vela, sci d'acqua, noleggiare un motoscafo.**

Grammatica

■1
Richieste

Richieste formali:

> Il signor Schillizzi **è pregato di** … + verbo.
> I signori Doni **sono pregati di** … + verbo.

Richieste di cortesia:

> Le **dispiacerebbe** dirmi quando arriva?
> **Potresti** richiamare domani?
> **Sarebbe** possibile spostare l'appuntamento?

Da notare la struttura:

Pregare qualcuno di / chiedere, dire **a** qualcuno **di** fare qualcosa:

> Ti prego **di** fare presto.
> Gli ho detto **di** ritelefonare più tardi.

■2
Qualche

Qualche (*some / any*) è sempre singolare:

> Compra **qualche regalo** per i bambini!
> Hai visto **qualche bel film** ultimamente?

Quindi anche il verbo o l'aggettivo che l'accompagna:

> **C'è stato** qualche **brutto** incidente sull'A1.

■3
Dei, degli, delle

Per esprimere una quantità indefinita, al posto di **qualche** si può usare l'articolo partitivo plurale **dei, delle, degli**:

> Hai detto **delle** cose interessantissime!
> Ho **dei** dubbi, ma nel complesso sono d'accordo.
> Ci sono **degli** errori in quella lettera.
> Questo negozio ha **degli** sconti formidabili al momento.

■4
L'imperativo regolare

L'imperativo con tu e voi:

		-ARE	-ERE	-IRE
TU	non	entra entrare	scendi scendere	dormi dormire
VOI	non	entrate entrate	scendete scendete	dormite dormite

Attenzione: i pronomi personali si attaccano alla fine dell'imperativo.

> Scrivi**mi** presto.
> Sveglia**ti**! (verbo riflessivo)

L'imperativo con il lei (di cortesia) è preso in prestito dal congiuntivo:

-ARE	-ERE	-IRE
arrivi	prenda	venga
rientri	veda	parta
eviti	legga	finisca

Per i verbi irregolari basta cambiare la **-o** della prima persona del presente indicativo in **-a**:

> venga (venire), vada (andare), esca (uscire).

Ma: dia (dare), stia (stare), faccia (fare)

■5
Il 'si' impersonale

si + verbo 3a persona singolare:

> Oggi **si** parte.
> Come **si** fa la pizza?

ci si + verbo 3a persona singolare con i verbi riflessivi:

> **ci si** riposa
> **ci si** diverte

Con il **si** impersonale, l'aggettivo va sempre al plurale.

Quando **si è stanchi**, ci si ferma.

si + verbo 3a persona plurale con un oggetto plurale:

Si ved**ono** cose interessanti.

Si fa**nno** bere i cavalli.

■6
Il condizionale

Il condizionale esprime un'intenzione e si forma dall'infinito.

-ARE	-ERE	-IRE
amare	**leggere**	**partire**
am**erei**	legg**erei**	part**irei**
am**eresti**	legg**eresti**	part**iresti**
am**erebbe**	legg**erebbe**	part**irebbe**
am**eremmo**	legg**eremmo**	part**iremmo**
am**ereste**	legg**ereste**	part**ireste**
am**erebbero**	legg**erebbero**	part**irebbero**

NB: Nel condizionale, come nel futuro, i verbi in **–are** cambiano la **–a** in **–e**:

Il tempo cambi**erà**.

Compr**erei** una macchina nuova.

Il **condizionale irregolare** si forma direttamente dal futuro:

fare	farò	> farei
volere	vorrò	> vorrei
potere	potrò	> potrei
dovere	dovrò	> dovrei
rimanere	rimarrò	> rimarrei
andare	andrò	> andrei

--- **Espressioni utili** ---

Richieste

il signor …	è pregato di…	+ *verbo*
i signori…	sono pregati di…	(*infinito*)

le dispiacerebbe …? potrebbe …?

senta	veda
dica	guardi
scusi	prego, si accomodi

mi piacerebbe, preferirei, vorrei molto …
    io farei così

4 Nel mondo del lavoro

- Identificare vantaggi e svantaggi
- Suggerimenti: si dovrebbe ...
- Fare paragoni
- Completare un CV
- Opinioni e reazioni

B

Mi piace la *solitudine, non mi pesa*

Come si guadagnano da vivere?

Indovini il lavoro di ognuno (✓).

Il brutto è che mi devo alzare così presto, il bello è che alle 11 ho finito

giardiniere?
artista?
camionista?

A

Si sta a contatto con la gente, ma può essere anche ripetitivo

guardia notturna?
giornalaio?
fornaio?

C

Gli amici dicono che è un lavoro profumato. E questo è vero!

Senza il mio pubblico sarei perso

D

attrice?
segretaria?
assistente di volo?

milionaria?
fioraia?
profumiera?

E

calciatore?
deputato?
conduttore televisivo?

A | Lavoro: vantaggi e svantaggi

■1
Ha indovinato?

1.22–1.26

 a
Ascolti e legga. Scriva la lettera giusta nel riquadro.

1

Inizialmente mi sono messo a fare il fornaio solo per avere più tempo per la mia passione che è dipingere, però adesso mi piace molto: alzarmi all'alba da una parte lo trovo faticoso, dall'altra però mi dà energia per tutta la giornata. Alle 11 stacco e inizio un'altra vita. Chi l'avrebbe detto?

2

Per me personalmente è entusiasmante quando contatto le altre persone al telefono, quando le incontro personalmente e quando possiamo scambiare idee. Solo che qualche volta diventa un po' noioso, un po' ripetitivo, perché ti capitano le giornate in cui devi scrivere quindici lettere tutte uguali a quindici persone diverse.

3

Dovunque vai non sei mai solo, vogliono l'autografo, scattano fotografie eccetera, non hai più 'privacy'. Da un lato questo è seccante e oppressivo, dall'altro ti fa piacere perché ti senti seguito. Allo stadio sappiamo tutti che per dare il meglio di sé ci vuole il pubblico, vero?

4

È stressante solo perché è un lavoro in proprio, che non finisce mai per il semplice fatto che lo gestisci tu … A parte questo, è un'attività molto gratificante, e io lati negativi non ne vedo. Lati positivi? Vieni a contatto con gente di tutto il mondo, viaggi in continuazione. Noi facciamo, produciamo, acquistiamo, rivendiamo e trattiamo materie prime per la profumeria – per profumare anche detersivi, non solo il profumo che tutti conosciamo – e alcuni alimenti, soprattutto bevande.

5

Io ho fatto un po' di tutto, il commesso, il fattorino, il manovale, poi ho preso la patente speciale per camion e due anni fa ho cominciato a lavorare per questa ditta di trasporti internazionali. Lo svantaggio è che sei sempre solo con la tua radio nella cabina del TIR. Il vantaggio è che io personalmente non ci sto male, anzi, la solitudine mi piace; ma penso che tra non molto dovrò smettere se no mia moglie chiederà il divorzio!

Risposte a pagina 181.

b

Fatevi velocemente le domande:

- Chi ha bisogno di sostenitori?
- Chi ha paura che la moglie lo lasci?
- Chi si sente meglio fisicamente?
- Chi gira il mondo per lavoro?
- Chi deve contattare tanta gente?

c

Rilegga pagina 71 e sottolinei le espressioni che indicano vantaggi e svantaggi.

Avete notato?

Vantaggi e svantaggi

da una parte … dall'altra

da un lato … dall'altro

i lati positivi … i lati negativi

il vantaggio è che … lo svantaggio è che …

---

e

Chi di questi dovrebbe guadagnare di più secondo voi? Perché? Discutete.

dovrebbe, dovrebbero   *he/she, they should*

1.22–1.26

d

Ora riascolti e completi la scheda per i cinque personaggi. Aggiunga il suo lavoro (anche lo studente è un lavoro) e confronti con un compagno.

Per casa

Scriva un paragrafo sul lavoro che lei sceglierebbe di fare se potesse. Cominci così:

'Se potessi, sceglierei … perché …'

Lavoro	Vantaggi	Svantaggi

■2
I manager di oggi

I.27

a

Ascolti questo servizio alla radio sui manager di oggi. Segni ✓ il significato giusto.

- non si batte la fiacca
  - ☐ bisogna combattere
  - ☐ è proibito essere pigri

- le aziende
  - ☐ società commerciali
  - ☐ fattorie di campagna

- (stipendio) a quattro zeri
  - ☐ altissimo
  - ☐ vicino allo zero

- strapagato
  - ☐ straordinario
  - ☐ pagato troppo

- fannulloneria
  - ☐ fantasticheria
  - ☐ voglia di non far nulla

b

Qual'è il problema? Completi il riassunto.

1 Secondo il capufficio, gli impiegati in genere _____ la fiacca.

2 Ma oggi sono proprio i manager quelli che _____ più tempo.

3 Infatti _____ su internet e _____ la giornata giocando.

4 Di conseguenza, spesso le compagnie _____.

5 Tuttavia la perdita di tempo può anche _____ un'arte, praticata da molti _____.

 c

Legga e chieda ai compagni quale sarebbe l'incentivo ideale per loro e perché.

I manager più pagati d'Europa? Gli italiani.

Secondo dati recenti emersi dal mondo dell'industria, gli italiani e gli svizzeri guiderebbero la classifica delle retribuzioni in Europa.

I francesi godono di lunghe vacanze. I tedeschi guidano auto di lusso a carico dell'azienda. I giapponesi sono pagati in sushi, sake e golf. E gli americani, oltre a avere gli stipendi più alti del mondo, hanno anche quasi sempre una partecipazione nel capitale. Ma i salari più alti d'Europa sarebbero per gli svizzeri e gli italiani. I dati sono sorprendenti.

La fabbrica più grande **d'** Europa

Gli stipendi più alti **del** settore

Dopo il superlativo relativo si usa **di**.

d

Trasformi le frasi seguendo il modello.

es:

La Fiat è un' industria grandissima. (Italia)

> È l'industria più grande d'Italia.

1 Produce macchine molto economiche. (mondo)
2 Gli operai hanno vacanze lunghissime. (Europa)
3 C'è una famiglia ricchissima qui vicino. (quartiere)
4 Hai sentito? È una storia divertentissima. (estate)
5 Ha fatto un bellissimo film. (ultimi anni)
6 Ci sono anche attori famosissimi. (America)

■3
Vinca il migliore

Il cinquantenario del Davide di Donatello, il più prestigioso premio della cinematografia italiana, ha riservato qualche sorpresa.

I PREMIATI

Toni Servillo, premio per il miglior attore nelle *Conseguenze dell'amore*, si è lasciato alle spalle altre giovani stelle del cinema italiano come Stefano Accorsi, il più sorridente, e Giorgio Pasotti, il più deluso.

I premi per la migliore attrice e il miglior attore non protagonista sono andati invece a *Manuale d'amore*, uno dei film con il maggior numero di candidature.

I MENO PREMIATI

La maggior sorpresa è stata la mancanza di riconoscimenti per *Dopo Mezzanotte* di Davide Ferrario, un regista dal sorprendente talento visivo e originalità nel maneggiare la macchina da presa. L'altra sorpresa è stata per *Le Chiavi di Casa* di Gianni Amelio, film delicato e coraggioso sul rapporto padre-figlio, che si è aggiudicato un solo premio (per il sonoro in presa diretta) mentre il pubblico affolla le sale per vederlo.

IL PIÙ PREMIATO DI TUTTI

Strapremiato Paolo Sorrentino, che ha sbaragliato tutti con il suo secondo film. *Le Conseguenze Dell'Amore* ha conquistato il Davide per il miglior film italiano e anche per la migliore regia, la migliore sceneggiatura e il miglior attore protagonista. Più imbarazzato che sorpreso, Sorrentino ha dichiarato: 'Questa volta la giuria ha un po' esagerato, perché in corsa c'erano ottimi film come *Le Chiavi di Casa*. Tutti questi Davide sono davvero troppi. Vorrà dire che li metterò in cucina perché è lì che metto tutti i premi, visto che mi piace mangiare…'

a

1 Chi è Toni Servillo?
2 Chi non è stato premiato ma sorrideva lo stesso?
3 Perché *Manuale d'amore* si aspettava più premi?
4 Qual'è stata la sorpresa maggiore del Davide di Donatello?
5 Perché ha sorpreso l'unico premio per *Le Chiavi di Casa*?
6 Quanti Davide ha vinto Sorrentino?
7 Perché vuole mettere la statuetta in cucina?

Paragoni

più **di** … / meno **di** …

   più **di** tutti

più …. **che** / meno …. **che**

   È un tipo **più** riservato **che** timido.

Si usa **che** facendo un paragone tra le stesse parti del discorso: tra due aggettivi, nomi, verbi o avverbi, ecc.

b

Scelga **di** o **che**:

1 È un film di successo ma ha avuto più elogi ( ) premi.
2 Quest'anno gli attori sono stati più bravi ( ) registi.
3 Il giovane regista era meno sorpreso ( ) imbarazzato.
4 È solo al suo secondo film ma è stato il più premiato ( ) tutti.
5 Stranamente preferisce tenere i premi più in cucina ( ) in salotto.
6 Tra gli attori giovani ce n'era uno più deluso ( ) altri.
7 Quel film mostra più talento visivo ( ) originalità.
8 Secondo il vincitore il suo film non era più bello ( ) tanti altri.

c

Completi il questionario della rivista *Cinema oggi* e confronti con un compagno.

CINEMA OGGI

Qual è il miglior film e il peggior film dell'anno per lei?

il miglior film _____   il peggior film _____
il migliore attore _____   il peggior attore _____
la migliore attrice _____   la peggiore attrice _____
il miglior film comico _____   il peggior film comico _____
il film che vorrei più   il film che vorrei meno
   rivedere _____   rivedere _____
il miglior film di tutti i   il peggior film di tutti i
   tempi _____   tempi _____

d

Maggiore, minore, migliore o peggiore?

Completi. In qualche caso bisogna aggiungere l'articolo.

1 Domani ci sarà una manifestazione per una ( ) sicurezza sul lavoro.
2 I giovani continuano a lottare per un mondo ( ).
3 Questa è la ( ) cosa che potevi dire su quel povero ragazzo.
4 Investire in una casa offre senza dubbio ( ) garanzie per il futuro.
5 Bisogna mirare a un ( ) consumo energetico se si vuole ridurre l'inquinamento.
6 In caso di incidenti, il danno è ( ) se non avete l'assicurazione.
7 La dieta ( ) per lei, caro signore, è frutta e verdura per una settimana.
8 Nel dopoguerra uscì un famoso film intitolato ( ) *anni della nostra vita*. Ma erano davvero ( )? Non saranno stati piuttosto ( )?

B | Posto e carriera

■4
Il posto

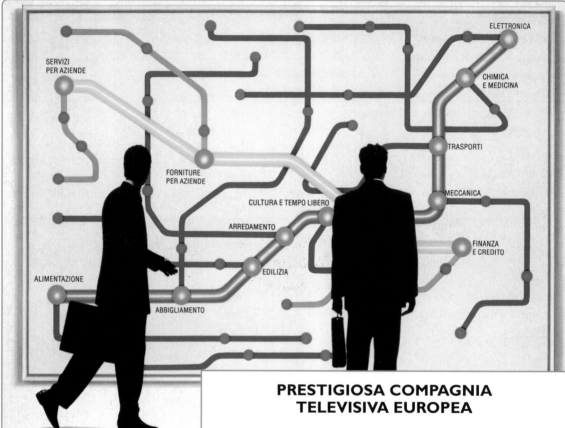

a

Lei sa già queste parole?
Controlli sul dizionario
i campi di lavoro che
appaiono sulla piantina.

b

Legga questo annuncio
di lavoro.

PRESTIGIOSA COMPAGNIA TELEVISIVA EUROPEA

cerca

RICERCATORE / RICERCATRICE BILINGUE

Si richiede:
- conoscenza perfetta dell'italiano e dell'inglese
- abilità di interprete
- qualche esperienza amministrativa
- buona cultura generale (minimo: Diploma di Scuola Superiore)
- età tra i 25 e i 35 anni
- disponibilità a viaggiare

Si offre:
- Stipendio minimo €28.000 all'anno
- Lavoro basato a Milano
- Contratto annuale rinnovabile
- Orari: imprevedibili
- Lavoro interessante, ma con ritmi pressanti

Inviare Curriculum Vitae via FAX entro il 25 ottobre.
Per informazioni telefonare allo 02 442 7351

■5
Il colloquio di lavoro

Carla e Renato sono stati selezionati per il posto di ricercatore/ricercatrice.

I.28

a
Ascolti il colloquio con Carla e completi il suo Curriculum.

LICEO CLASSICO — Maturità
LICEO SCIENTIFICO
LICEO LINGUISTICO — Diploma
LICEO ARTISTICO
ISTITUTO MAGISTRALE
ISTITUTO TECNICO
ISTITUTO TECNICO COMMERCIALE
ISTITUTO PROFESSIONALE

CURRICULUM VITAE

NOME _____

COGNOME _____ ⬍

NATO/NATA A _____ ⬍

ETÀ _____ ⬍

NAZIONALITÀ _____ ⬍

RESIDENZA _____ ⬍

_____ ⬍

STATO CIVILE   Nubile   Sposato/a   Celibe

TITOLI DI STUDIO _____ ⬍

_____ ⬍

LINGUE PARLATE _____ ⬍

_____ ⬍

ESPERIENZA PROFESSIONALE _____ ⬍

_____ ⬍

_____ ⬍

LAVORO ATTUALE _____ ⬍

_____ ⬍

VIAGGI E INTERESSI _____ ⬍

_____ ⬍

b

Ora legga il colloquio con Renato e completi il suo Curriculum.

> **Renato, che studi ha fatto lei?**
>
> Renato — Dai dieci ai diciannove anni ho vissuto a Bologna, dove ho frequentato le medie e il Liceo Linguistico. Poi, nel 91, mi sono trasferito a Trieste dove ho seguito per quattro anni il corso di laurea per Interpreti e Traduttori all'Università. Appena ho ottenuto la laurea, nel 95, ho passato un anno a Parigi dove ho seguito un corso di perfezionamento di francese e inglese.
>
> **Ora che lavoro fa?**
>
> Renato — La mia storia lavorativa è semplice. Nel 96 ho cominciato a lavorare come interprete per una grande compagnia cinematografica italiana e ho continuato per cinque anni.
>
> Mi piaceva molto, ma poi la ditta si è trasferita in un'altra città e per ragioni di famiglia sono dovuto rimanere a Bologna. Perciò ho cambiato lavoro. Dal 2001 faccio il traduttore per una casa editrice specializzata in libri d'arte qui a Bologna.
>
> **Le piace il suo lavoro?**
>
> Renato — Sì, molto, ma l'anno prossimo vorrei trasferirmi a Milano con la famiglia e in effetti sto già cercando un nuovo lavoro.
>
> **Che tipo di lavoro le piacerebbe?**
>
> Renato — Mi piacerebbe molto lavorare come traduttore o anche ricercatore nel campo del cinema o della televisione.

c

Faccia un breve sommario della storia di Renato, completando le frasi.

- Fino a 19 anni Renato ...
- A 19 anni ...
- Dopo aver ottenuto la laurea ...
- Dal '96 al 2000 ...
- Nel 2000 ...
- Dal 2001 ...
- Al momento ...

1.28

 d

Riascolti Carla e faccia un breve sommario della sua storia, come in **c**.

 e

Lavori con un compagno e insieme decidete chi è la persona giusta per il posto.

 f

Intervisti un compagno con le domande di attività **b** e scriva il suo CV.

Per casa

Faccia un breve sommario dei suoi studi e della sua esperienza di lavoro come in **c** e scriva il suo CV.

6
La carriera: vale tanti sacrifici?

MARIA GRAZIA POLLINI –
28 anni – impiegata di banca

NADIA FARESE –
35 anni – annunciatrice

Né il lavoro, né la carriera sono così importanti da sostituire la parte della giornata dedicata a noi stessi. Uscire con le amiche, andare a una mostra o in palestra, fare un giretto per le vie del centro o anche semplicemente guardare la Tv, sono tutte cose a cui non potrei rinunciare. Tutti abbiamo bisogno di dimenticare i problemi legati al lavoro, come lettere e telefonate urgentissime, difficoltà con il capo o i colleghi etc. Pensare solo ai propri impegni professionali può farci perdere il contatto con la realtà quotidiana. Certamente si può essere soddisfatti riservando al lavoro solo una parte di noi stessi e dedicando tempo alla famiglia, agli amici, alla nostra salute e a tutto ciò che ci fa piacere. È importante avere una personalità equilibrata, evitare lo stress, le ansie della competizione. Non vale la pena sacrificare tante piccole gioie per fare carriera.

Se il lavoro ci piace, ci soddisfa e ci fa sentire realizzate. Spesso chi ama la propria professione ci si butta anima e corpo e non ha bisogno di altre attività o hobby. Dedicarsi alla propria carriera è un modo per pensare a se stessi. Raggiungere dei buoni risultati nel lavoro dà una maggiore sicurezza nelle proprie capacità. Spesso il tempo libero di una donna che non si dedica alla carriera, invece di essere usato per andare in palestra, fare un corso di pittura o leggere un libro, serve piuttosto a risolvere problemi legati alla casa, come trovare l'idraulico, fare un frenetico shopping in centro per comprare tende nuove e cose simili. 'Far carriera' non vuol dire essere meno disponibili verso la famiglia e gli amici. Si tratta solo di saper organizzare bene il proprio tempo.

a

Parole inglesi come **hobby** and **stress** sono usate al posto di **passatempo** e **tensione** e fanno ormai parte del vocabolario italiano.

Con un compagno trovi le parole italiane che corrispondono a queste parole inglesi usate frequentemente dagli italiani:

manager	slogan	computer	hooligan	killer	leader
look	match	puzzle	quiz	shopping	shock

b

Nel testo trovi le preposizioni usate con i seguenti verbi e faccia delle frasi:

dedicare/arsi   servire
avere bisogno   pensare
andare   rinunciare

c

Chi lo pensa, **Maria Grazia** o **Nadia**? Scriva il nome vicino a ogni frase, poi controlli con il testo.

1 Avere buoni risultati nel campo del lavoro dà fiducia in se stessi.
2 Pensare solo al lavoro ci allontana dalla realtà
3 Dedicarsi alla propria carriera è un modo per pensare a se stessi.
4 La casalinga è stressata quanto la donna di carriera.
5 La donna di carriera soffre di ansia.
6 Chi ama il proprio lavoro non ha bisogno di hobby.
7 Tutti abbiamo bisogno di un po' di tempo 'nostro'.
8 Far carriera non vuol dire trascurare la famiglia.

Per casa

Scriva una lettera con il suo punto di vista alla rivista che ha pubblicato l'articolo.

d

Legga le frasi in **c** usando:

'Per/Secondo Maria Grazia/Nadia ...'

e

Parli dei vantaggi e svantaggi della carriera con un compagno.

■7
Cosa vogliono fare?

1.29

a

Cosa interessa a questi giovani?
Cosa vogliono fare? Ascolti.

Valeria Vicentini   Federico Rispoli

Massimo Bortolli   Franca Fini   *Elena Marini*

Luciano Scipioni

1.29

b

Riascolti e risponda:

1 A chi piace viaggiare?
2 Per chi sono importanti gli amici?
3 Che laurea ci vuole per dirigere una palestra?
4 Cosa vuole fare Elena dopo la laurea in giurisprudenza?
5 Che diploma ha ottenuto Franca Fini? Cosa le interessa al momento?
6 Che studi deve fare Massimo per diventare manager di un'azienda?
7 Perché Valeria vuole studiare medicina?
8 Quale di questi giovani vorrebbe sposarsi presto?
9 Cosa deve studiare Federico per diventare giornalista?

c

E lei, che studi ha fatto, sta facendo o farà?
Ne parli con un compagno.

■8
Un anno sabbatico

Caro Stefano

Una bella notizia. Mi prendo un anno sabbatico! So che posso richiederlo una sola volta nella vita, e questa è la volta giusta. Dobbiamo tutti staccare la spina a un certo punto, e questo, lo sento, è il momento adatto per me – prima di metter su famiglia e con tutte le mie energie a disposizione. Ormai ho fatto i miei cinque anni di servizio e ne ho il diritto. Naturalmente deve essere un anno formativo utile per il mio lavoro, e l'azienda deve accettare il mio progetto, ma sono sicuro che andrà bene. Si possono fare corsi di marketing o informatica o imparare altre lingue sul posto, si può partecipare a progetti internazionali. Io ho già la mia idea. Se decido di rimanere in Italia, farò domanda per un nuovo corso multimediale di Videoarte Digitale, tutto in inglese, che offre anche delle borse di studio. Se invece decido di passare questo anno all'estero, andrò in Africa con una grossa organizzazione internazionale come Médecins sans frontières o Unicef. L'unico problema in questo caso sarebbero i soldi. Per l'anno sabbatico, se non sei un professore universitario, non c'è stipendio! Il bello però è che quando torni hai il tuo lavoro che ti aspetta.

Che ve ne pare? Mi invidiate? Vi terrò informati, a prestissimo

Gianluca

a

Legga la lettera di Gianluca e scriva le sei regole base dell'anno sabbatico in Italia.

b

Se lei si prendesse un anno sabbatico, che cosa farebbe? dove andrebbe? Parlatene.

C | L'importanza della lingua

■9

(1)

Ha gli occhi chiari, il naso affilato, in testa la bombetta e perfino l'ombrello, che più "inglese classico" di così non si può. Ma ha anche qualcosa di mediterraneo, il signor Stephen Murrell: il fatto che vive a Massa Carrara e ha una moglie italiana. E così si è inventato la possibilità di trasformare le carrozze ferroviarie in aule scolastiche dove lui insegna la sua lingua, l'inglese. L'esperimento ha avuto successo, tanto che oggi il professor Murrell ha diversi collaboratori e tiene regolarmente corsi di inglese sui tratti Lecco-Milano, Savona-Genova, La Spezia-Genova, Savona-Genova e Firenze-Montevarchi.

(2)

Ma chi, e perché, sceglie di imparare una lingua sul treno? Lo ha spiegato Stephen Murrell qualche giorno fa durante un'intervista: 'Era assurdo – ha detto – vedere tutto quel tempo sprecato andando su e giù in treno. Quel tempo potrebbe essere impiegato in modo utile, per esempio imparando una lingua straniera. E siccome già dirigevo una scuola d'inglese, mi è venuta l'idea di fare qualche lezione sui treni. In questo modo fornisco ai viaggiatori pendolari un servizio utile e al tempo stesso divertente.'

(3)

'Divertente?' 'Sì – risponde lui – perché io uso il sistema più semplice del mondo. Quando i bambini imparano a parlare lo fanno ripetendo le parole che hanno sentito dire dal papà e dalla mamma, mica sgobbando sulle grammatiche. E così faccio io: insegno la mia lingua facendo parlare la gente. E per parlare, il treno è l'ideale: si fa conversazione restando seduti …'.

(4)

E siccome i viaggi in treno hanno una durata variabile, il signor Murrell ha ideato un corso di trentacinque ore diviso in piccole lezioni di quindici minuti l'una, che possono anche essere consecutive. In questo modo anche chi deve scendere alla prossima non perde la sua lezione. E il costo è modesto – 11 euro l'ora. 'Contrariamente a quanto si potrebbe pensare – aggiunge il professore – i nostri clienti non sono giovani studenti: la maggior parte sono signori di una certa età, operai, impiegati e professionisti. Per molti di loro tornare a scuola è un sogno.'

(5)

L'unico problema per il signor Murrell e i suoi collaboratori è stato trovare quella bombetta che fa tanto inglese. 'L'ultima me l'ha comprata un amico – spiega lui – a Londra. Ma non è stato facile. Gli hanno detto che non ne vendevano da una quindicina d'anni.'

a

Legga l'articolo velocemente senza dizionario. Scelga un titolo (a–e) per ogni paragrafo (1–5):

a Come funziona il corso
b Aule sui binari
c L'ultima bombetta
d Un sistema da bambini
e L'ideale per i pendolari

Da soli o in coppia: scrivete un titolo per l'intero articolo di dieci parole al massimo. Confrontate con il titolo originale (pagina 181).

b

Trovi nel testo parole o espressioni con questo significato:

Paragrafo 1	• vagoni
Paragrafo 2	• tempo perso
Paragrafo 3	• dato che lavorano come matti
Paragrafo 4	• inventare
Paragrafo 5	• il solo inconveniente
	• che fa pensare all'Inghilterra

bombetta	bowler hat
aula	classroom
sprecare	waste
fornire	to provide
i pendolari	commuters
mica...	certainly not...
sgobbare	to swot
ideare	to think up

c

Trovi i motivi:

1 Perché il signor Murrell insegna l'inglese?
2 Perché insegna sul treno?
3 Perché usa il sistema dei bambini?
4 Perché le lezioni durano un quarto d'ora?
5 Perché piace ai clienti maturi?
6 Perché Murrell e i suoi collaboratori usano la bombetta?

Avete notato?

'I bambini imparano **ripetendo** le parole'.
'Si può conversare **restando** seduti'.

By doing, because of doing, while doing: gerundio.
Il gerundio è facile, è invariabile:

-ando   (verbi in **-are**)
-endo   (verbi in **-ere** e **-ire**)

d

Scelga tra gerundio presente e passato.

- *Avendo avuto / avendo* successo fin dall'inizio, Tom è diventato un attore molto richiesto.
- Ma non *avendo visto / vedendo* neanche un suo film, non so dirti se è bravo.
- *Sposando / avendo sposato* un'italiana, vive in Umbria da molti anni.
- È un bravo giardiniere. Dicono che ottenga ottimi risultati *parlando / avendo parlato* con le piante.

e
Buon'idea o cattiva idea?

Chieda agli altri. Che ne pensano dell'idea del signor Murrell? Per esprimere approvazione o meno scelga tra queste espressioni:

- Ottima idea. Infatti …
- Non mi pare una buon'idea, perché …
- Non saprei.

Per casa

Sottolinei la frase chiave di ogni paragrafo. Con queste frasi e con qualche modifica, faccia un riassunto dell'articolo (100–150 parole).

■10
Come s'impara una lingua

a

Metta in ordine di priorità (1–8):

andando al cinema

innamorandosi

?

parlando parlando

usando il dizionario

leggendo i giornali

andando a un ristorante italiano

cantando

imparando a memoria i vocaboli

regia: Gianni Amelio
le chiavi di casa
Kim Rossi Stuart
Charlotte Rampling
Andrea Rossi

1.30–1.34

b

Prima di ascoltare: come hanno imparato la lingua straniera queste persone?
Indovinate. Usate il gerundio. Controllate con il CD e prendete appunti.

Irene
11 anni

Massimo
48 anni

Dominique
36 anni

Michael
50 anni

Elena
18 anni

E lei, come ha imparato l'italiano?
Chieda agli altri.

c

Usando il gerundio scriva come si
fanno queste cose:

- come si impara a nuotare.
- come si diventa medici.
- come si fa il tè.

d

Segni ogni frase con uno o più asterischi
per indicare in che senso è usato il
gerundio.

es:

*Telefonando, sii breve ** (Quando telefoni…)*

*	**	***
a forza di	mentre/quando	se…
per mezzo di	allo stesso tempo	
by	*as*	*if*

1 Arrivando puntuale ti troverai bene.
2 Leggendo tanti giornali è
   aggiornatissimo.
3 Io mi rilasso facendomi un bel caffè.
4 Parlando a un cliente, guardalo negli
   occhi.
5 Stancandoti troppo non combinerai
   niente.
6 Parlando tanto lo hai irritato.
7 Sbagliando s'impara.
8 Tornando a Milano, saluta gli amici.

Riscriva le frasi come nell'esempio.

■11
Interprete simultanea.
Tutto il mondo in diretta

cuffia	*head phones*
aggiornata	*well informed*
impegnativo/a	*demanding*

Diana Rosselli

Valeria De Micheli, insegnante alla Scuola Superiore per Interpreti di Bologna. Per cinque anni ha fatto l'interprete simultanea, poi si è sposata e ha scelto l'insegnamento. 'La materia da tradurre cambia ogni volta. Solo qualche secondo di tempo e l'errore non è permesso. La cosa più difficile è la programmazione, sia nella vita privata che nel lavoro. Arriva una telefonata e dopo due giorni bisogna essere a Palermo per un convegno e subito dopo a Milano o a Cagliari, sempre senza respiro. Bisogna sapersi adattare, ci vuole flessibilità. Si lavora per un mese di fila e poi il mese dopo nulla. È stressante e ci vuole molta sicurezza in se stesse. Non c'è molto spazio per la vita familiare. Secondo me, le doti necessarie per essere una brava o un bravo interprete sono: prontezza di riflessi, molta pazienza, capacità di concentrazione elevatissima, una buona preparazione e molta voglia di studiare in continuazione per prepararsi in linguaggi specializzati, tecnici e scentifici.'

Una cuffia e due voci: quella della persona che sta parlando e quella di chi traduce. Tutto si svolge in pochi secondi. Non c'è possibilità di sbagliare. Ignota protagonista di convegni e congressi, è lei che permette il dialogo, che riesce a far parlare l'imprenditore di Tokio con quello di Prato, il cardiologo spagnolo con quello di Messina. Traduce immediatamente da un'altra lingua in italiano e viceversa. Lavora dentro una cabina e si dà il turno ogni mezz'ora con una collega.

Diana Rosselli, 30 anni, da otto anni gira l'Italia come interprete. 'Chi fa questo lavoro è indispensabile per la comunicazione. È un lavoro impegnativo, che dà molte soddisfazioni. A me piace stare dentro la cabina, usare la lingua viva, entrare in contatto con persone e problemi diversi, essere sempre aggiornata. E poi amo viaggiare. E si guadagna anche bene!'

Valeria De Micheli

a

Legga e sottolinei i lati positivi e negativi del lavoro d'interprete e faccia due colonne:

Mi piace perché …   Non mi piace perché …

....

....

....

b

Commenti con un compagno.

- Chi dice più cose positive, Diana o Valeria?
- E lei cosa pensa del lavoro d'interprete? Le piacerebbe fare questo lavoro? Perché?

c

Le qualità necessarie. Completi la lista degli aggettivi.

es:

Per essere una brava o un bravo interprete:
bisogna **avere flessibilità** *(nome)*
bisogna **essere flessibili** *(aggettivo)*

- precisione
- sicurezza di sè
- velocità
- pazienza
- puntualità
- preparazione
- prontezza di riflessi
- capacità di concentrarsi

Ecco le terminazioni più comuni delle parole astratte:

-ezza	gentilezza	*(kindness)*
-enza	pazienza	*(patience)*
-ità	felicità	*(happiness)*
-ione	determinazione	*(determination)*

NB. Gli aggettivi sono: gentile, paziente, felice, determinato

d

Faccia frasi nello stesso modo con tre di questi lavori. Usi il dizionario se necessario.

> dottore, insegnante, segretario/a, pilota, autista di autobus, dentista, il lavoro che lei fa o che le piacerebbe fare

NB. Nelle strutture impersonali gli aggettivi vanno al plurale:

Bisogna essere flessibil**i**.

Per casa

Lei è Diana Rosselli. Immagini una settimana intensa di lavoro e la descriva a un'amica in una lettera.

Grammatica

■1
Comparativi

più	di, del, dell', della
meno	dei, degli, delle

È **più** alta **di** sua sorella.

Questo racconto è **meno** bello **del** precedente.

Ma attenzione: se il paragone è tra le stesse parti del discorso, allora bisogna usare **che**:

più/meno	che

È più timido **che** scontroso   (*2 aggettivi*)

Le piace più cantare **che** ballare   (*2 verbi*)

Ho meno fiducia in lui **che** in te   (*2 preposizioni*)

Meglio tardi **che** mai!   (*2 avverbi*)

Ha più amiche **che** amici   (*2 sostantivi*)

Dopo un verbo e alla fine della frase, **più** e **meno** diventano **di più, di meno** (*more/most, less/least*):

Noi lavoriamo molto, ma lei lavora **di più.**

Di tutte le sue canzoni è quella che mi piace **di meno.**

■2
Superlativi

Relativo: il lavoro **più** faticoso **di** tutti

          la ragazza **più** simpatica **del** mondo

Assoluto: un'attrice brav**issima,**

          un film bell**issimo**

NB Dopo il superlativo relativo ci vuole la preposizione **di, del, della,** ecc.

■3
Si dovrebbe

Il condizionale di **dovere** + verbo è l'equivalente di '*should*'.

dovrei

dovresti   + *infinito*

dovrebbe

Dovresti farlo al più presto.

È un lavoro impegnativo, **dovrebbe essere pagato** meglio.

■4
Verbi seguiti da preposizione

dedicarsi a

avere bisogno di

rinunciare a

pensare a

■5
Il gerundio

Il gerundio è invariabile. Ecco le desinenze:

-ando (verbi in **-are**)
-endo (verbi in **-ere** e **-ire**)

L'ho incontrato **uscendo** di casa.

I bambini imparano **giocando.**

Mangiando troppo si ingrassa.

Il gerundio indica il tempo, il modo, il mezzo o la causa dell'azione, e si riferisce sempre al soggetto del verbo principale:

Lavorando a Roma, Dominique ha incontrato Agostino.

(Dominique lavorava a Roma)

6
Comparativi e superlativi irregolari

Aggettivo	Comparativo	Superlativo relativo	Superlativo assoluto
buono	migliore	il/la migliore	ottimo (buonissimo)
cattivo	peggiore	il/la peggiore	pessimo
grande	maggiore	il/la maggiore	grandissimo
piccolo	minore	il/la minore	piccolissimo

È un'**ottima** birra, è **la migliore** sul mercato ed è **migliore di** quella che ho bevuto ieri.

NB: il minor danno / il danno minore
la peggior cosa / la cosa peggiore

7
Parole astratte

Notare che tutte le parole in-**zione** e **-sione** sono femminili.

Sapendo un aggettivo si può spesso creare la parola astratta e viceversa:

-ezza	gentilezza	gentile
-enza	pazienza	paziente
-ità	felicità	felice
-zione	determinazione	determinato/a
-mento (m)	isolamento	isolato/a

Espressioni utili

Vantaggi e svantaggi
Da una parte … dall'altra
Il lato positivo … Il lato negativo …
Un vantaggio è che …

Per chiedere un'opinione
Secondo lei, secondo voi?
È d'accordo con?

Approvazione
Buon'idea
Ottima idea

Rinforzo
Non solo … ma anche
Inoltre
Per di più

Per spiegare
Cioè
Voglio dire che

Per concludere
In conclusione
Infine

5 Che ne pensate?

- Il futuro
- Annunci e previsioni
- Esprimere emozione, sorpresa
- Organizzare un incontro
- Dare consigli
- Discutere

L'Europa che verrà

- **S**arà l'Europa di tutte le razze e di nessun razzismo
- **S**arà l'Europa che crea, lavora e produce
- **S**arà l'Europa dove i soldati difendono la pace
- **S**arà l'Europa di donne e uomini liberi e uguali
- **S**arà l'Europa dove cresce la democrazia
- **S**arà l'Europa della tolleranza
- **S**arà l'Europa senza posto per gli inquinatori

 a

Questo manifesto è apparso al momento del lancio dell' Europa Unita.

Quali di queste affermazioni sono ancora valide oggi secondo voi? Discutete.

2.1

 b

I giovani e la nuova Europa.

Ascolti Federica, Dario, Marta, Fabio e Silvia. Ricostruisca le frasi (1–6) e (a–f) e scriva il nome.

1 Pensare solo al proprio paese	a ma l'allargamento è emozionante.
2 Si parla molto di questa Europa	b solo a metà?
3 A che serve fare un'Europa unita	c ci saranno anche meno nazionalismi.
4 Ci saranno sì delle difficoltà	d e noi giovani avremo più opportunità.
5 Se ci sarà un'Europa unita	e è una forte limitazione. (*Federica*)
6 La prima cosa è l'occupazione	f però i frutti non si sono ancora visti.

Con quale di questi ragazzi è d'accordo lei? Scriva un paragrafo.

A | Il Futuro

■1
Che cosa succederà?

a
Studente A: Legga i due articoli,
poi completi la scheda per *Soffierà
un vento del sud* come nell'esempio.
Studente B: pagina 175.
Risponda a Studente A con frasi al
futuro usando le note della scheda.
Poi scambiatevi i ruoli.

Il futuro		
PARLARE	SCRIVERE	DORMIRE
parl**erò**	scriv**erò**	dorm**irò**
parl**erai**	scriv**erai**	dorm**irai**
parl**erà**	scriv**erà**	dorm**irà**

Da domenica l'ora legale

Con un anticipo di due giorni rispetto
all'anno scorso ritorna l'ora legale. Alle
due della notte tra sabato 26 e domenica
27 marzo le lancette dell'orologio
dovranno essere spostate in avanti di
sessanta minuti.

L'ora legale **resterà** in vigore fino al 24
settembre compreso. Il provvedimento
scatterà contemporaneamente in oltre
venti paesi tra europei e extraeuropei.

Soffierà un forte vento del sud

Nei prossimi anni le torri eoliche con le
loro pale di 80–90 metri (ma già entro il
2015 si arriverà a 120 metri) **saranno**
sempre più numerose nel nostro Paese.
È necessario tutelare il paesaggio e le
migrazioni degli uccelli, ma l'aumento
delle centrali azionate dal vento **ci sarà**.
A causa del tipo di terreno e dell'intensità
dei venti, questo modo di produrre
energia **si concentrerà** nel Meridione
e nelle isole. Già oggi la regione leader
dell'eolico è la Campania, mentre molte
regioni del Nord non hanno nemmeno una
centrale. Allo studio è anche il progetto
offshore, per cui al largo della Sardegna
e della Sicilia **si potranno** istallare le torri
su piattaforme in mare aperto, come già in
Gran Bretagna, Irlanda e Danimarca.

	chi/che cosa	quando	dove	come/perché
L'ora legale	*inizio ora legale*	*sab 26-dom 27 marzo fino al 24 settembre*	*Italia e altri 20 paesi*	*spostando le lancette in avanti di 1 ora*
Vento del sud				
Scelta della scuola				

Stanotte finisce l'ora legale

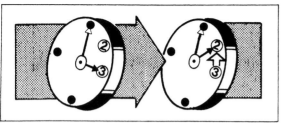

Questa notte, orologi indietro di un'ora (dalle 3 alle 2). Si torna all'ora solare, dopo 182 giorni di ora legale

scattare	*to come into effect*
essere in vigore	*to be effective*
sempre più	*more and more*
servizio di orientamento	*careers advisory service*
centralino	*switchboard*

Uso del futuro

Per previsioni, annunci, promesse: **il futuro**

Farà bel tempo.
Il film inizierà alle 10.
Ti amerò tutta la vita.

Ma per azioni vicine nel tempo: **il presente**

Domani parto, torno giovedì.

Per un'azione immediata: **stare per** + infinito

Sta per piovere.

b

Futuro irregolare: completi le prime tre persone e scriva l'infinito.

sarò	sarai	sarà	*essere*
verrò	verrai		
rimarrò			
terrò			
		avrà	
saprò			
potrò			
dovrò			
	vorrai		

Avete notato?

'Chiunque telefonerà, riceverà consigli'.
'Chi vivrà, vedrà.'

Con due frasi legate tra loro, si usano due futuri.

c

Completi con il secondo futuro basandosi sugli articoli letti.

1 Appena scatterà l'ora legale, gli orologi *andranno indietro di un' ora.*
2 Il nuovo orario, che sarà valido in tutta Europa, ⬭⬭⬭ il 24 settembre.
3 Chiunque arriverà al Pincio 20 minuti prima della Maratona, ⬭⬭⬭.
4 Chi vorrà informarsi sui vari tipi di scuola, ⬭⬭⬭.
5 Gli studenti che frequenteranno le superiori l'anno prossimo, ⬭⬭⬭ lunedì.
6 Se si riuscirà a proteggere il paesaggio, il numero ⬭⬭⬭.
7 Si installeranno anche centrali eoliche *offshore* quando ⬭⬭⬭.

Espressioni utili

Per legare le frasi:
chiunque
chi
se
che
appena
quando

■2
Di sicuro in futuro

IL MONDO IN CUI VIVREMO

Di sicuro in futuro…

Avvenimenti con maggiore probabilità di avverarsi nel XXI secolo:

- Cura per l'AIDS
- Cura per il cancro
- Cura per il raffreddore
- Auto non a benzina
- Vivere fino a cent'anni
- Terza guerra mondiale
- Viaggi interplanetari
- Computer intelligenti
- Unico governo mondiale
- Unica religione mondiale

Il secolo XXI rispetto al secolo XX:

- più benessere
- più pace
- più cibo
- un ambiente migliore

Le condizioni del mondo alla fine del XXI secolo:

- migliori
- peggiori
- le stesse

a

Copi il questionario di *Panorama* trasformando i titoli in domande.

es:

In questo millennio si troverà una cura per l'AIDS?
Nel secolo XXI secondo lei ci sarà …?

Intervisti tre persone.

2.2

b

Ascolti la conversazione tra Serena e Abele mentre fanno il questionario. Decida chi dei due è l'ottimista e perché.
Prenda appunti.

> **ottimista** m./f.: chi vede sempre il lato positivo delle cose e giudica favorevolmente
> **pessimista** m./f.: chi vede solo il lato negativo delle cose

c

Scriva un paragrafo sulle persone che lei ha intervistato: ottimiste o pessimiste?

◼3
Pettegolezzi

a

A una festa, le arrivano questi frammenti di conversazione. Li rimetta insieme (1–10 con a–j):

1 Dove sarà Roberto? Doveva venire alle nove. Che starà facendo?
2 Conosci il fratello di Fiorenza?
3 Hanno suonato alla porta.
4 Non ho l'orologio ma saranno le undici, penso.
5 Quei due vicino alla porta, non li ho mai visti prima.
6 Questo gelato è semplicemente squisito.
7 Vedi quel tipo che parla con Marta? È un famoso attore. Avrà almeno sessant'anni.
8 Hai idea di dove sia il vino?
9 Fabrizio è tutto bagnato. Che gli sarà successo, mi chiedo.
10 Sai niente di Angela? Non si è fatta sentire. So che doveva andar via per lavoro questo weekend, in Germania mi pare.

   a Avrà preso la pioggia, tutto lì.
   b Non lo vedo da nessuna parte. Sarà già finito.
   c Chi l'avrebbe detto? Se li porta magnificamente.
   d Ma, allora sarà già partita.
   e L'avrà fatto Ugo con quella sua macchinetta misteriosa.
   f Sarà Antonia.
   g L'avrò visto un paio di volte, ma non me lo ricordo.
   h Saranno gli amici australiani di Massimo.
   i Ah, meno male. Pensavo che fosse più tardi.
   j Sai che tipo è. Sarà andato al bar a fare due chiacchiere.

Avete notato?

saranno le nove	*it must be nine o'clock*
starà guardando la TV	*he must be watching TV*
sarà andato al cinema	*he has probably gone*
	to the cinema

Il futuro è molto usato per indicare probabilità.

2.3

b

Ora controlli con il CD.

c

In conversazione tutti usiamo espressioni idiomatiche. Scriva come si direbbe nella sua lingua:

non si è fatto/a sentire	**se li porta bene**
tutto qui	**tu sai che tipo è**
hai idea di ...?	**meno male!**
chi l'avrebbe detto?	**sai niente di ...?**

Per casa

Scriva un dialogo con quattro di queste espressioni e due futuri di probabilità.

■4
Un evento storico: l'eclisse del'99

È l'undici agosto 1999 e il mondo aspetta un evento straordinario.

essere – essere – nascondere
venire – abbandonare – essere – osservare –
esserci – diventare – raffreddarsi – abbaiare –
divenire – abbandonare
essere – coprire – scivolare – avere – stare –
restare

a

Legga l'articolo del *Corriere della Sera* e rimetta i verbi che mancano o al futuro o al presente.

Questa mattina appuntamento al buio

Dalle 11, l'inizio dell'eclisse totale: due miliardi di persone con gli occhi rivolti al cielo. Tir vietati in Francia nelle ore di oscurità. Riti e preghiere in India.

Mentre leggete queste righe, forse una grande ombra sta già per coprire la pagina del giornale. Oggi, infatti ...(1)... l'11 agosto 1999, il giorno dell'eclisse totale del Sole. L'ultima di questo secolo, e l'ultima del millennio. Questa mattina la Luna, che pure ...(2)... 400 volte più piccola del Sole, lo ...(3)... a poco a poco, frapponendosi fra questo e la Terra, fino ad 'accecarlo' per due lunghissimi minuti: completamente a Bucarest e in altre parti d'Europa, quasi del tutto in Italia.

'Eclisse' ...(4)... da una parola greca che significa 'abbandono': e il Sole, appunto, ci ...(5).... Nella prima fase, ci ...(6)... una luce indescrivibile, ben diversa da quella che si ...(7)... nelle eclissi lunari, quando è la Terra ad oscurare la Luna. Nei due minuti culminanti (fra le 12.32 e le 12.53 a seconda delle regioni d'italia) ...(8)... il 'buio a mezzogiorno'. Le ombre sotto le foglie degli alberi ...(9)... falci sottili. L'aria ...(10)..., i cani ...(11)..., gli uccelli ...(12)... muti. Tutto previsto dagli scienziati. Ma per due miliardi di persone (mai, nella storia dell'umanità, l'evento avrebbe avuto tanti spettatori) oggi è il giorno del Sole che ci ...(13)....

L'ala nera ...(14)... grande e possente, ...(15)... una fascia di 110 chilometri e ...(16)... sull'Europa a 2800 chilometri orari. Tutto ...(17)... inizio al largo delle coste del Canada, quando parigini e romani ...(18)... ancora cominciando la loro giornata. L'unica incertezza, per gli scienziati, ...(19)... il tempo. Un cielo nuvoloso ridurrebbe il tutto a una normale giornata di maltempo.

2.4

b

Anche al **Telegiornale (TG1)** dello stesso giorno si parla naturalmente dell'eclisse. Ascolti e risponda alle domande:

1 L'eclisse sta per cominciare o sta per finire?
2 A che velocità viaggia l'ombra?
3 Com'è stato il tempo a Roma?
4 Che effetti ha avuto l'eclisse sulla natura?
5 Tre reazioni della gente.
6 Spieghi come si sono preparati i romani.
7 Che tipo di eclisse è stata quella del 1961?
8 Dove si trovava in quel momento la signora?
9 Come le è sembrata l'eclisse?

c

E lei dov'era durante l'eclisse del '99? Cerchi di ricordare che cosa ha fatto quel giorno e che reazione ha avuto. Ne parli con un compagno usando le espressioni sotto. Scriva 200 parole.

Espressioni utili

Per esprimere reazioni e emozioni

• **Aggettivi**
  stupefacente
  stupendo/a
  impressionante
  incredibile

• **Espressioni**

mi ha fatto	impressione
	paura
mi dà/mi ha dato	gioia
	timor panico
	una grande
	emozione
ho avuto	una sensazione…
	un'impressione…

stare per + infinito	to be about to…
in diretta	live
impressionante	shocking
munirsi di	to arm oneself with
godersi	to enjoy
timor panico	awe

Avete notato?

'**ero** in Egitto'
(situazione: **Imperfetto**)

'quando c'è **stata** l'eclisse'
(evento: **Passato Prossimo**)

(vedi unità 6–7)

5
Un famoso film di Antonioni: L'Eclisse

Per casa o in classe
Legga l'articolo a pagina 97 sul film *L'Eclisse* (1962) e prepari una breve presentazione orale su questi punti:

• Chi era Antonioni.
• Chi è Monica Vitti.
• Che cosa faceva Antonioni a Firenze nel 1961.
• La sua visione dell'eclisse.
• Il giudizio di Monica sul film.
• La reazione di Monica all'eclisse.

Monica Vitti: Ho paura come quando girai il film con Antonioni

Avete notato?

disse (*dire*)
ebbi, ebbe (*avere*)
nacque (*nascere*)

Parlando di un lontano passato, Monica usa il Passato Remoto. (Vedi pag. 198)

L'eclisse di Michelangelo Antonioni, nel celebre, discusso film del '62, riguardava i sentimenti, come già dimostravano *L'Avventura* e *La Notte*.

Disse il regista che si era recato a Firenze a filmare la vera eclisse: 'Gelo improvviso. Silenzio diverso da tutti gli altri silenzi. Luce terrea, diversa da tutte le altre luci. E poi buio. Immobilità totale. Tutto quello che riesco a pensare è che durante l'eclisse probabilmente si fermano anche i sentimenti.'

'A distanza di tanti anni – dice Monica Vitti che allora era la compagna e l'attrice, la complice di Antonioni – *l'Eclisse* continua a sembrarmi un film angoscioso e bellissimo, in avanti sui tempi, come succedeva con Michelangelo. Nei suoi film, e in questo in particolare, la natura non è mai benevola.'

Che sensazione ebbe lei da quell' eclisse? 'Le cose belle mettono angoscia. Ebbi paura della morte, del buio, la stessa che provo ancora oggi ripensandoci.'

Come nacque l'idea? 'Michelangelo pensava a questo parallelismo dell' eclissi fisica e morale, l'aveva in testa, l'andava puntualizzando col suo stile inventivo e personale.'

E qual è il suo fascino? 'Il fascino dell'eclisse è di una cosa breve e vertiginosa, in un attimo cade il silenzio e sembra che gli elementi non ci appartengano. Questo era il finale del film. Gli altri film di Michelangelo erano più semplici e umani…'

E questa vera eclisse ora, la vedrà? 'Non lo so, dipende … Dicono che forse è meglio vederla in TV, anche questa volta la facciamo diventare uno spettacolo.'

B | Pubblicità

■6
Annunci alla radio locale

È sabato e con un gruppo di amici volete passare un'allegra serata in pizzeria e poi in discoteca, anche fuori Roma.

2.5

a

Ascolti gli annunci e completi la scheda sotto.

b

Studente A e **Studente B** fatevi le domande a turno:

1 Dove si può mangiare una pizza all'aperto?
2 In quale città si trova l' Egizia Elite e cosa offre?
3 Dove c'è buona musica il sabato sera?
4 In quale locale c'è un parcheggio per la macchina?
5 È possibile andare al Galoppatoio in agosto?

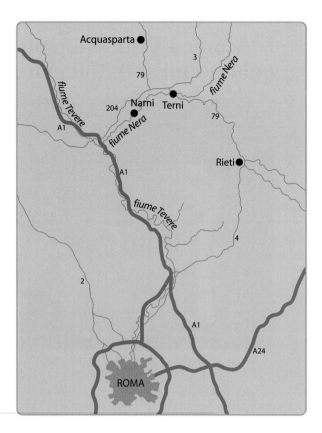

Dov'è/Cosa c'è	Il Galoppatoio	Egizia Elite	Il Montagnone	La Grotta Rossa
Luogo				
Telefono				
Discoteca				
Bar/Pub				
Ristorante				
Pizzeria				
Parcheggio				
Musica				

c

Dopo aver ascoltato e usando le informazioni nella scheda, fate un programma per la sera. Decidete **dove** e **con chi** andare, **come** andare, **a che ora** incontrarsi, **dove** trovarsi, **come** vestirsi, ecc.

Cominciate: **Andiamo a ... prendiamo la macchina ... incontriamoci al bar, ecc**

d

Il programma è fatto. Telefoni al suo amico Luigi e, usando il **tu,** gli dica di:

- trovarsi a Piazza Cavour alle 6.30.
- portarsi almeno 20 euro.
- fermarsi prima al Bar Italia per un caffè.
- ricordarsi di telefonare a Luciana.
- mettersi un vestito elegante.

Telefoni anche a Piero e a Luisa e, usando il **voi,** dia le stesse istruzioni.

es:

Trovatevi a Piazza Cavour alle 6.30.

e

In gruppi organizzate una cena in pizzeria per tutta la classe. Fate un programma come in **c.**

All'imperativo i pronomi (ti, ci, vi) si uniscono alla fine del verbo.
'Troviamoci a Piazza di Spagna alle 6.30'

(Vedi pag. 61)

Per casa

Scrivete una lettera agli studenti assenti con il programma per la serata e con tutte le informazioni necessarie.

■7

Istituto Parrini

Lei vuole fare un corso intensivo di lingue in Italia e sta cercando una scuola. Alla radio sente un annuncio per l'Istituto Parrini.

2.6

a

Ascolti e completi.

Tipo di corsi offerti: . . . .
Durata dei corsi: . . . .
Le lezioni: . . . .
Il personale (insegnanti): . . . .
L'indirizzo: . . . .
Il numero di telefono: . . . .
La città: . . . .

2.6

b

Riascolti e trovi nel testo gli aggettivi che vogliono dire:

- durante il giorno
- durante la sera
- durante le feste

Sul dizionario trovi gli aggettivi per queste espressioni:

- durante la notte
- durante l'estate
- durante l'inverno
- adatto per l'autunno
- da primavera

Faccia frasi usando gli aggettivi con le seguenti parole:

spettacolo, corso, orario, vestiti, temperatura

Plurale di nomi e aggettivi in: -co/ca
-go/ga

Normalmente **-co/ca, -go/ga** diventano – **chi/che, -ghi/ghe** al plurale:

amica – amiche, collega – colleghe
fuoco – fuochi, fungo – funghi

Eccezione: amico-ci/nemico-ci/greco-ci

Nel maschile, se l'accento è sulla terzultima sillaba il suono resta dolce – **-ci** e **-gi**:

tecnico – tecnici, medico – medici, asparago – asparagi

---

es: _____

Vorrei informazioni sull'orario estivo, per favore.

2.6

c

Quali scuole si sentono nell' annuncio? Segni le scuole che sente.

Per l'istruzione culturale e scientifica
- Liceo   Classico
        Scientifico
        Linguistico
- Istituto   Magistrale

Per l'istruzione artistica
Liceo Artistico
Accademia Musicale
Accademia di Belle Arti
Accademia di Arte Drammatica

Per l'istruzione tecnica e professionale
- Istituto Tecnico per ragionieri/geometri
- Istituto Tecnico per periti agrari/industriali/elettronici/d'informatica
- Istituto Tecnico per il Turismo

N.B. Tutte le scuole superiori danno accesso all'università.

istruzione	*education*
perito	*non graduate expert*
istituto tecnico professionale	*vocational institute*

d

Aggiunga gli aggettivi al plurale:

classico	autori	⬭	statue	⬭
scientifico	libri	⬭	ricerche	⬭
linguistico	licei	⬭	teorie	⬭
tecnico	laboratori	⬭	spiegazioni	⬭
scolastico	anni	⬭	vacanze	⬭
elettronico	strumenti	⬭	macchine	⬭

e

Quiz sul plurale. Sottolinei la parola giusta e faccia delle frasi.

comico:	comichi comici	lago:	laghi lagi	scolastico:	scolastichi scolastici	giacca:	giacce giacche
ricco:	ricci ricchi	pesca:	pesce pesche	astrologo:	astrologhi astrologi	cuoco:	cuochi cuoci
medico:	medici medichi	psicologo:	psicologi psicologhi	albergo:	albergi alberghi		

8

Sui muri dell'Istituto Parrini c'è un poster con consigli per gli studenti.

a Metta i numeri da 1 a 10 in ordine di importanza.
b Dia consigli a un amico.
    Usi **Se fossi in te** + il condizionale

Per il condizionale vedi pag. 69.

es:

Se fossi in te cercherei di scoprire quello che veramente ti piace fare.

se fossi in te	*if I were you*

10 CONSIGLI UTILI PER AVERE SUCCESSO NEGLI STUDI E NEL LAVORO

- Cercare di scoprire quello che veramente piace fare. Interessarsi all'arte, allo sport, ai viaggi, alle lingue ecc.
- Fare test attitudinali, utili soprattutto se si hanno le idee un pò confuse
- Non scegliere una istruzione troppo specializzata
- Viaggiare e imparare bene almeno una lingua straniera
- Tenersi aggiornati nel mondo dell'informatica. Fare dei corsi
- Abituarsi a essere organizzati e ordinati
- Individuare i settori più congeniali e frequentare corsi di perfezionamento
- Non dare troppa importanza all'idea del posto fisso
- Abituarsi a essere indipendenti
- Pensare lungamente e seriamente prima di scegliere il tipo di studi all'università

9
La Pubblicità di Benetton

Luciano Benetton

La pubblicità tradizionale per creare il bisogno di comprare, di solito presenta un mondo affascinante e idealizzato in cui tutto è bello e tutti sono perfetti. La pubblicità di Benetton è diversa perché mostra una realtà che la gente non vuole vedere: nei manifesti si vedono bambini di tutte le razze che si abbracciano, preti e suore che si baciano, croci di un cimitero, filo spinato: tutte foto di Oliviero Toscani.

Progressivamente, il prodotto è scomparso dai manifesti pubblicitari. La pubblicità di Benetton è stata definita dall'azienda stessa 'Sempre meno commerciale e sempre più ideologica'. Il messaggio non è più 'Comprate i golfetti di Benetton', ma 'Pensate ai mali del mondo'. Le foto di Toscani vogliono combattere il razzismo, la violenza e la persecuzione piuttosto che vendere golfetti.

Ma non tutti apprezzano queste buone intenzioni. Toscani si ritiene un idealista, ma da molti è considerato una persona che per vendere un prodotto, un golfetto o un vestito sfrutta la sofferenza della gente. Molti giornali e riviste si sono rifiutati di pubblicare le foto di Oliviero Toscani e molte persone indignate hanno scritto lettere di protesta ai giornali, dicendo che non compreranno mai più i golfetti di Benetton. La pubblicità di solito ha lo scopo di aumentare le vendite, quella di Benetton sembra avere l'effetto opposto: le fa diminuire!

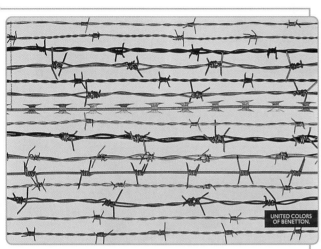

© Benetton Group S.p.A. Photo O. Toscani.

Oliviero Toscani

a

Legga l'articolo e risponda.

1 In che modo la pubblicità tradizionale persuade a comprare?

2 In che modo è diversa la pubblicità di Benetton?

3 Che importanza ha il prodotto nella pubblicità di Benetton?

4 Come ha reagito il pubblico a questo tipo di pubblicità?

b

Legga alcuni commenti sulla pubblicità di Benetton:

FRANCO MAZZETTI, DIRETTORE DEL MENSILE IMPATTO:

'La pubblicità di Benetton è stata fatta soltanto per fare scalpore.'

ADRIANA AMICI, DIRETTRICE DELLA SACNO:

'Trovo molto più irritanti altre pubblicità, come quelle basate ancora sulla vecchia idea della donna oggetto…In fondo la pubblicità di Benetton è certamente nuova e interessante.'

UN COMMERCIANTE TEDESCO:

'I manifesti danno l'impressione di un'azienda senza scrupoli'.

baciarsi	*to kiss*
abbracciarsi	*to hug*
sfruttare	*to exploit*
scopo	*aim*
sempre più	*more and more*
sempre meno	*less and less*
mai più	*never again*
scalpore	*sensation*
manifesto	*poster*
azienda	*company*

2.7–2.9

c

Ascolti le interviste con Gianni, Sergio e Mirella e scriva le parole chiave che usano per dire che sono a favore o contro.

2.7–2.9

d

Riascolti le interviste e riassuma i commenti di Gianni, Sergio e Mirella in non più di trenta parole ognuno.

Con chi sono d'accordo?
Con F. Mazzetti, A. Amici o con il commerciante tedesco?

E lei con chi è d'accordo?

■10
La sua opinione sulla pubblicità di Benetton

a

Studente A: Legga le seguenti affermazioni a Studente B.

Studente B: Esprima la sua opinione usando il congiuntivo come nell'esempio. (Per il congiuntivo vedi pag. 106 e 202.)

es:

– *Toscani è un bravo fotografo.*
– *Sì, credo che Toscani **sia** un bravo fotografo.*
– *No, non credo che Toscani **sia** un bravo fotografo.*

1 Toscani è un idealista.
2 È importante mostrare il prodotto.
3 Molte persone hanno criticato i manifesti di Benetton.
4 Toscani fa bene a mostrare la realtà.
5 Benetton vuole combattere il razzismo.
6 Benetton sfrutta i problemi del mondo.
7 Le foto di Toscani stimolano a pensare.
8 Benetton usa i manifesti per vendere prodotti.

b

Scriva cinque frasi con la sua opinione sulla pubblicità di Benetton.
(Le immagini, la filosofia, Toscani, ecc.)

Scelga gli aggettivi dalla lista e usi avverbi come: **piuttosto, abbastanza, particolarmente,** ecc.

scioccante	realistico/a
tradizionale	artistico/a
moderno/a	idealista
stimolante	infuriante
efficace	innovativo/a
interessante	noioso/a

es:

*Credo che i manifesti **siano** veramente interessanti.*

11
Lo spot dei demoni

a

Trovi il posto giusto nell'articolo per:

a tranquillizzare	causare	di parlare
a fare scalpore	di fargli	A trasformare
addormentarsi	individuare	è stata

LO SPOT DEI DEMONI INCUBO PER I BAMBINI

Insonnia, stati d'ansia, dolori allo stomaco. Forse, a …(1)… gli stessi strani sintomi in bambini di due diverse città siciliane è stata qualche rara malattia infantile o magari un virus difficile da …(2)… e curare. Così si pensa per qualche giorno. Poi, grazie alla caparbietà di una giovane pediatra, è arrivata la diagnosi: sono malati di spot, disturbati da pochi secondi di pubblicità.

Ancora una volta dunque, …(3)… è stato uno spot pubblicitario, che in questo caso reclamizza una delle più famose marche di articoli sportivi. …(4)… in un incubo le notti dei bambini, tutti fra i quattro e i sette anni, …(5)… infatti una partita di calcio tra una squadra di campioni e una squadra di creature mostruose. E nemmeno il lieto fine della reclame, con la vittoria dei campioni 'buoni', è servito …(6)… i piccoli e a cancellare dalla loro immaginazione il mostro-portiere con la pancia sfondata da un calcio di rigore. Una sequenza rapidissima, pochi secondi in tutto.

I bambini presentavano tutti sintomi molto simili, incubi, pianti inspiegabili e dolori di stomaco. 'Allora ho cercato …(7)… con i piccoli – racconta la pediatra – cercando …(8)… dire che cosa avevano fatto prima di …(9)…. Cinque di loro hanno parlato dei mostri che giocavano a pallone…' Intanto in un'altra cittadina un bambino ha affermato che sì, i mostri gli fanno paura, ma che da grande vorrebbe essere proprio come loro!

b

Vero ○ Falso ○ Non si sa

1 È successo in un'isola italiana.
2 Un medico dell'ospedale ha diagnosticato il virus.
3 Anche il figlio del medico è stato colpito.
4 I bambini si sono ammalati in pochi secondi.
5 Molti bambini non riuscivano a dormire.
6 Alcuni bambini sono attratti dai mostri.

Avete notato?

Per parlare con enfasi.

'**A fare** scalpore **è stato** un nuovo spot'.
a + **infinito** + verbo **essere** + **soggetto**

c

Aiuti Ivo a parlare con enfasi.

es:

Forse un virus ha causato i sintomi. >
Forse a causare i sintomi è stato un virus.

Nia   Oggi i bambini si ammalano guardando la TV.
Ivo   Un piccolo spot ha scatenato grandi polemiche.
Nia   Ma la pubblicità ha invaso le nostre case!
Ivo   I media non manipolano il pubblico.
Nia   I genitori hanno protestato sui giornali!
Ivo   I pediatri hanno lanciato l'allarme, comunque.
Nia   Era ora! I pubblicitari creano scalpore solo per vendere.
Ivo   Certo. La famiglia deve decidere se guardare o no.

---

1 causare
2 individuare
3 a fare scalpore
4 A transformare
5 è stato
6 a tranquillizzare
7 di parlare
8 di fargli
9 addormare

Grammatica

◾1
Futuro

Si forma dall'infinito.
I verbi in **-are** cambiano **-a** in **-e**.

-ARE	-ERE	-IRE
am**erò**	legg**erò**	part**irò**
am**erai**	legg**erai**	part**irai**
am**erà**	legg**erà**	part**irà**
am**eremo**	legg**eremo**	part**iremo**
am**erete**	legg**erete**	part**irete**
am**eranno**	legg**eranno**	part**iranno**

Ecco i più comuni **futuri irregolari:**

essere:
   sarò, sarai, sarà, saremo, sarete, saranno

venire, tenere, rimanere (raddoppiano la **r**):
   verrò, terrò, rimarrò

avere, andare, cadere, potere, sapere
   (si contraggono):
   avrò, andrò, cadrò, saprò, potrò

NB: Il condizionale irregolare si forma esattamente
nello stesso modo:
sarei, verrei, andrei, ecc.

◾2
Uso del futuro

Per annunciare **eventi** e fare **previsioni** (tempo,
oroscopi) o **promesse:**

   Pioverà stanotte.
   Te lo farò sapere.

Per azioni immediate si usa invece il presente:

   Domani parto. Torno giovedì.

Con due frasi legate fra loro, si usano **due futuri:**

   Chi vivrà, vedrà.
   Chi indovinerà, avrà un premio.

Il futuro è usato anche per indicare **probabilità:**

   Saranno le nove.   *It must be nine o'clock.*
   Starà guardando la TV.   *He is probably watching TV*
   Sarà andato al cinema.   *He has probably gone to*
                             the cinema.

Stare per + infinito si usa per indicare un'azione
imminente (*to be just about to*):

   Lo spettacolo **sta per** cominciare.

◾3
Altre forme dell'imperativo

La forma per il **noi** è uguale al presente indicativo:

   Usciamo!   *Let's go out!*

NB: Il pronome personale si attacca all'imperativo:

   Ricorda**ti** di telefonare a Gianni.
   Ragazzi, svegliate**vi**!

Vedi pagina 61.

◾4
Il congiuntivo

Le espressioni impersonali richiedono il congiuntivo:

   È meglio che ci **sia** l'Europa.
   È importante che non **emergano** nazionalismi.
   Bisogna che i giovani **viaggino.**

Ricordarsi che i verbi che esprimono opinione sono
seguiti dal congiuntivo (vedi Unità 2):

   Pensi che tutto **sia** chiaro?
   Credo che ne **abbiano** parlato i giornali.

Vedi pagina 202.

5
Per raccontare

Ero in Egitto (situazione, descrizione: **imperfetto**) quando **c'è stata** l'eclisse (evento: **passato prossimo**).

Per l'uso del passato, vedi Unità 7.

6
Nomi e aggettivi in -ista

Al singolare i sostantivi e aggettivi in **-ista** possono essere sia maschili che femminili:

una brava violinista
un inguaribile ottimista

Ma il plurale è regolare:

le feminist**e**
gli ottimist**i**

7
Plurale di nomi e aggettivi in -co/ca, -go/ga:

Normalmente, **-co/-ca, -go/-ga** diventano **-chi/-che, -ghi/-ghe** al plurale:

fuoco > fuochi
mucca > mucche

Eccezione: amico > amici

Nel maschile, se l'accento è sulla terzultima sillaba il suono resta dolce – **-ci** e **-gi**:

tecnico > tecnici
asparago > asparagi

Espressioni utili

Opinioni

credo, spero, penso, direi **di sì** … **di no**
se fossi in te/lei/voi … non lo farei

Per dare consigli

se fosse in lei + condizionale

Emozioni

una sensazione stupenda
stupefacente!
un'impressione incredibile

Espressioni idiomatiche

non si è fatto sentire	*he hasn't been in touch*
tutto qui	*that's all*
chi l'avrebbe detto?	*who would have thought it!*
se li porta bene	*he doesn't look his age*
sai che tipo è	*you know the type*
meno male!	*thank goodness for that*

8
Strutture enfatiche

A + **infinito** + verbo **essere** + **soggetto**.

Un virus ha causato i sintomi.
> A causare i sintomi è stato un virus.

Con questa struttura si può rendere enfatica qualsiasi affermazione.

6 Ieri e oggi

- Parlare del passato: descrizioni e abitudini
- Paragoni con il presente
- Usare percentuali
- Parlare di prezzi e tenore di vita
- *Sebbene, benché* e il congiuntivo

Guardi le fotografie e commenti con un compagno.

ROMA. Via della Conciliazione vista da dietro San Pietro.

MILANO. Affari e cultura cambiano volto al centro.

PALERMO. Il cemento ha cacciato gli aranci.

A | Ieri

ROMA

Via della Conciliazione, una strada che non esisteva, è stata costruita circa 50 anni fa, perché chi veniva dal Tevere verso San Pietro non vedeva bene la basilica. Le case fra le due piccole strade (Borgo Antico e Borgo Nuovo) bloccavano la vista. Le strade erano anche molto strette e per trasporto si usavano solo i tram. I veri romani non volevano la nuova strada, preferivano questa zona di Roma come era, autentica, e consideravano questo cambiamento una violenza urbanistica. Per molte persone invece è stato un grande successo.

MILANO

Corso Vittorio Emanuele, com'era prima e com'è oggi. Prima, su tutti e due i lati, c'erano vecchi palazzi eleganti che avevano molti balconi. C'erano molti negozi e portici, coperti da tendoni. Il Corso era una strada movimentata, il traffico era intenso, nella strada passavano i tram, moltissime persone passeggiavano sui marciapiedi e guardavano le vetrine. Oggi rimangono solo i portici e i negozi; il resto è tutto cambiato. Il Corso ora fa parte di un'isola pedonale e non c'è traffico, ci sono solo negozi di lusso e persone che passeggiano tranquillamente.

PALERMO

Già molti anni fa esistevano **l'ippodromo,** in primo piano nella fotografia, e lo **stadio,** a destra. Il paesaggio campestre che esisteva una volta non c'è più. Bellissimi giardini di aranci e limoni coprivano completamente la pianura e arrivavano fino alle montagne. Oggi il verde è quasi scomparso e la pianura è ricoperta da enormi palazzi e grattacieli. La città si estende ormai fino alle montagne. Prima 465.000 persone vivevano a Palermo, oggi sono quasi un milione.

■1
Era meglio prima?

campestre	*rural*
ippodromo	*race-course*
vista	*view*
portico	*arcade*
paesaggio	*landscape*

a

Legga gli articoli. Trovi nel testo i verbi all'imperfetto e li scriva vicino all'infinito. Faccia delle frasi. Verbi in:

-ARE		**-ERE**		**-IRE**		**ESSERE**	**AVERE**
arrivare	⬭	esistere	⬭	coprire	⬭	⬭	⬭
bloccare	⬭	vedere	⬭	preferire	⬭	⬭	⬭
considerare	⬭	vivere	⬭	venire	⬭		
guardare	⬭	volere	⬭				
passare	⬭						
passeggiare	⬭						
usare	⬭						

L'imperfetto si usa per descrivere le cose al passato (vedi pag. 131)

b

Guardi le foto e completi la tabella per Roma. Poi continui con Palermo e Milano.

ROMA		
	Adesso	**Prima**
La vista/il panorama	San Pietro si vede bene.	*Non si vedeva bene.*
I transporti	Si usano autobus e pullman.	
Il traffico	Ci sono molte macchine.	
L'architettura	La strada è molto larga.	
Il verde	Non si vedono alberi.	
La popolazione		

c

Guardate attentamente le fotografie.

Senza leggere il testo:
Studente A descriva com'era Via della Conciliazione 50 anni fa, **Studente B** descriva com'è Roma oggi.

Continuate con Milano e Palermo, scambiando i ruoli.

d

Per ogni città faccia una lista delle cose che **non** sono cambiate. Confronti con il compagno.

es:

San Pietro è esattamente oggi come era prima.

e

Scriva un paragrafo per ogni città e spieghi perché, secondo lei, era meglio prima o è meglio adesso.

es:

Palermo era meglio prima, perché c'era più verde, ecc.

Per casa

Prepari una breve presentazione sulla sua città per la prossima lezione. Usando cartoline o fotografie mostri cambiamenti che hanno migliorato o peggiorato la città.

■2
Un eroe dei nostri tempi

La sorella Anna Maria ricorda il giudice Falcone.

Giovanni da bambino (*essere*) ubbidiente e premuroso, un figlio ideale. A scuola (*essere*) sempre attento e (*essere*) il primo della classe. Fin d'allora i miei genitori (*aspettarsi*) da lui grandi cose. (*Avere*) un carattere forte e coraggioso. Per difendere i bambini più deboli (*fare*) a pugni con i compagni. I miei genitori gli (*dire*) sempre che un ometto non deve piangere e lui non (*piangere*). Non (*mostrare*) mai la paura. La mia (*essere*) una famiglia molto borghese.

Papà (*essere*) chimico e mia madre (*badare*) alla casa e ai figli. Noi (*vivere*) in un quartiere popolare di Palermo. Noi (*essere*) tre figli, due femmine e un maschio e lui (*essere*) il più piccolo. Giovanni (*amare*) profondamente il mare e l'unico svago che (*concedersi*) (*essere*) il canottaggio. Studio e sport (*essere*) le sue passioni. (*Avere*) un'intelligenza non comune e una volontà di ferro. A Palermo (*fare*) il magistrato e alcuni colleghi gli (*dire*) che (*esagerare*), e che la mafia non (*esistere*). Ma Giovanni (*andare*) dritto per la sua strada. Neanche le minacce lo (*fermare*). (*Essere*) convinto che, se si (*applicare*) seriamente la legge, si (*potere*) sconfiggere la Mafia. Col passare del tempo (*diventare*) sempre più il nemico numero uno della Mafia.

La seconda moglie Francesca, anche lei magistrato, (*capire*) perfettamente la vita di mio fratello e ne (*dividere*) i rischi. Giovanni non (*volere*) figli, perché (*sentire*) che prima o poi la Mafia lo avrebbe ucciso. Per lui il lavoro (*essere*) importantissimo e (*lavorare*) sempre 12 ore in ufficio e poi (*portare*) anche il lavoro a casa. I momenti più belli li (*passare*) con Francesca. Giovanni e Francesca (*cercare*) di godersi la vita. Quando (*potere*) (*andare*) a fare spese insieme a Roma.

Purtroppo, il 23 maggio 1992, mentre Giovanni, Francesca e i tre uomini della scorta (*tornare*) a Palermo a bordo di due auto, è esplosa una bomba e sono tutti morti.'

a

Legga e metta i verbi all'imperfetto. Rilegga.

fare a pugni	*to fight*
canottaggio	*rowing*
scorta	*bodyguards*

b

Trovi nel testo le espressioni equivalenti.

- quando era piccolo
- pieno di attenzioni
- un piccolo uomo
- il più bravo della classe
- una zona della città
- della classe media
- un divertimento

c

Completi le frasi.

1 Era un figlio ideale, perché…
2 A scuola era sempre attento, perciò…
3 Faceva a pugni per difendere i più deboli, perché…
4 Aveva un carattere forte, perciò…
5 Il canottaggio era il suo unico svago, perché…
6 Continuava dritto per la sua strada, perché…
7 Era dedito al suo lavoro, perciò…
8 Il suo obiettivo era sconfiggere la Mafia, perciò…

d

Faccia un riassunto schematico della vita di Giovanni Falcone. Confronti con un compagno.

Il padre:	Gli svaghi:
La madre:	Il lavoro:
Le sorelle:	I colleghi:
Il carattere:	Il suo obiettivo:
Lo stato sociale:	I suoi interessi:
Lo stato civile:	La sua morte:

-ARE	-ERE	-IRE
parl**avo**	tem**evo**	part**ivo**
parl**avi**	tem**evi**	part**ivi**
parl**ava**	tem**eva**	part**iva**

L'imperfetto è usato per descrivere:
- uno stato fisico o mentale nel passato
- azioni abituali

Imperfetto irregolare: fare: **facevo**
dire: **dicevo**

perché	*because*
perciò	*therefore*

Per casa

Scriva la storia della vita di uno di questi personaggi famosi. Faccia prima un riassunto schematico come in **d**.

John F. Kennedy, Federico Fellini, Nelson Mandela, Mother Theresa.

Per la prossima lezione prepari una breve presentazione sul personaggio che ha scelto. Usi fotografie da giornali o da libri.

■3
I libri che leggevano, i libri che leggono

 Legga.

GIACOMO RICCARDI.
GIORNALISTA

Che libri le piaceva leggere da bambino?

Il mio libro preferito che leggevo e rileggevo era *l'Isola del tesoro* di Stevenson. Mio padre mi aveva regalato il libro per Natale. Desideravo quel libro da quando avevo visto il film con Orson Welles e mi era piaciuto tanto. Era un libro con bellissime illustrazioni.

Ha tempo per leggere adesso?

Leggo molto durante l'estate, quando sono in vacanza. Leggo un po' di tutto. Quando viaggio leggo volentieri libri gialli.

Quale libro vorrebbe avere su un'isola deserta?

Senza dubbio, la *Divina Commedia*.

MIRELLA MUTOLO.
ATTRICE

Ha tempo per leggere?

Sì, sarà per il lavoro che faccio, sarà perché guardo poco la TV, ma io leggo moltissimo.

Quanti anni aveva quando ha cominciato a leggere?

Avevo tre anni. Mia madre era a letto con la sciatica e mi insegnava a leggere. Mi ricordo che leggevamo insieme *L'orsetto che non aveva amici*, un libro che mi piaceva tanto. Questo orsetto andava prima dale api che lo pungevano, poi dai cani che lo mordevano e alla fine incontrava un'orsetta tutta rosa che diventava sua amica.

Quale libro vorrebbe avere su un'isola deserta?

La ricerca del tempo perduto di Proust. Se non altro perché sono sette volumi, così c'è più da leggere.

ALESSANDRA DI CELMO.
RICERCATRICE

Che genere di libri le piace leggere?

La saggistica, quella che si occupa di problemi sociali ed etici. Non mi piacciono invece i romanzi. Non mi sono mai piaciuti. Non sono mai riuscita ad arrivare fino in fondo. Mi piacciono al contrario le biografie, le autobiografie e anche le raccolte di lettere, tutte importanti testimonianze dell'epoca. Forse il libro più bello che abbia mai letto è *Se questo è un uomo* di Primo Levi.

E da bambina che libri le piaceva leggere?

Mi piacevano molto i libri di fiabe. Poi più tardi leggevo libri di avventura come *Robinson Crusoe*.

a

Scriva il tipo di libro vicino a ogni definizione

orsetto	teddy bear
ape	bee
pungere	to sting
mordere	to bite
se non altro	at least

Biografia   Fiaba/Favola   Racconto

Romanzo   Autobiografia   Saggistica

Romanzo giallo

- Racconto fantastico per bambini
- Storia fantastica piuttosto breve
- Scritto di carattere critico su un argomento specifico
- Narrazione della vita di una persona
- Opera in cui l'autore narra la propria vita
- Racconto lungo immaginario
- Racconto di vicende poliziesche

b

Vero o falso?

1 Giacomo aveva ricevuto il libro *L'Isola del tesoro* per il suo compleanno.
2 Il libro era un regalo del padre.
3 Mirella ha imparato a leggere da sola.
4 Alessandra adora leggere romanzi.
5 Giacomo legge libri gialli quando viaggia.

c

Faccia una lista delle domande usate nelle interviste.

Quali si riferiscono al presente e quali al passato? Scelga quattro domande e risponda.

 Faccia le stesse domande ad altri studenti in classe.

d

Usando il verbo **piacere** scriva una domanda per ogni frase. (Usi il **tu** o il **lei**.)

1 Da bambino mi piacevano i libri di avventure.
2 Sì, l'ultimo libro che ho letto mi è piaciuto molto.
3 Veramente, i romanzi non mi sono mai piaciuti.
4 No, i libri di fiabe non mi piacevano, preferivo i libri di avventure.
5 No, non mi è piaciuto per niente.

e

Alessandra definisce il libro di Primo Levi:
'Forse il libro più bello che abbia mai letto.'

Se questo è un uomo

Primo Levi

Descriva nello stesso modo:

1 un film che ha visto   (noioso)
2 un disco che ha sentito   (bello)
3 un viaggio che ha fatto   (lungo)
4 una persona che ha conosciuto
   (simpatico/a)
5 un piatto che ha mangiato
   (buono/delizioso)
6 una città che ha visitato   (interessante)

Dopo il superlativo relativo si usa il congiuntivo:

il libro più bello che **abbia** mai letto

(vedi pag. 131)

Per casa

Descriva le vacanze che faceva da bambino/a.

■4

Le vacanze di una volta.
Giovanna racconta.

Per molti anni, prima della nascita dei miei figli, facevo quelle che i miei amici chiamavano 'vacanze povere'. Ma per me erano meravigliose.

Io e mio marito andavamo, all'inizio di luglio, in un'isoletta dell'arcipelago toscano, un posto dove non andava nessuno. Prestissimo la mattina veniva a prenderci un pescatore e ci portava a uno scoglio che si raggiungeva solo via mare. Di solito venivano in barca con noi due amici.

Nella borsa portavamo frutta, qualche panino, tanta acqua, giornali, un libro, lo stuoino e un mazzo di carte. Come passavamo la giornata?

Prendevamo il sole, facevamo lunghi bagni, nuotavamo per ore, leggevamo, chiacchieravamo di tante cose, guardavamo le navi che passavano, le nuvole, il cielo. Poi quando il pescatore veniva a riprenderci al tramonto, ci sembrava sempre troppo presto, volevamo rimanere ancora.

Adesso che ci sono i bambini non è più possibile, si annoierebbero. Purtroppo ora facciamo vacanze organizzate, io invece vorrei tanto tornare sulla mia isoletta …

2.10

a

Ascolti e risponda.

1 Come andavano sull'isola Giovanna e il marito?
2 A che ora partivano e quanto tempo rimanevano?
3 Andavano soli?
4 Cosa portavano da mangiare e da bere?
5 Cosa facevano sull'isoletta?
6 Sono cambiate le vacanze adesso che ci sono i figli?

b

Ora tocca a lei. Descriva a un compagno / alla classe come erano le sue vacanze prima e come sono adesso.

■5

C'era una volta…

Alla domanda 'Ricorda il suo primo libro'? Silvia Cecco ha risposto: 'Lo ricordo benissimo! È *Pinocchio*. È una storia bellissima. Ricordo *Il Grillo Parlante*, *La Fata Turchina*, *I Briganti* … *Pinocchio* è il libro che porterei su un'isola deserta. Comincia come tutte le storie…

C'era una volta… un pezzo di legno…

Con questo pezzo di legno, avuto in regalo, Geppetto costruisce un burattino che chiama Pinocchio. Il burattino comincia a muoversi e poi scappa.

Geppetto lo insegue e cerca di trovarlo, ma finisce in prigione. Pinocchio torna a casa, litiga con il grillo parlante, che vuole aiutarlo e, per sbaglio, lo uccide. Pinocchio si addormenta con i piedi sul fuoco e si brucia i piedi. Tornato a casa, Geppetto rifa i piedi a Pinocchio e poi vende la sua giacca per comprare un libro per mandare a scuola Pinocchio. Ma invece di andare a scuola, Pinocchio vende il libro e va a vedere il teatro dei burattini. Poi invece di tornare a casa, segue il gatto e la volpe che lo derubano, poi incontra i briganti che vogliono ucciderlo. Ma la Fata Turchina salva Pinocchio.

Pinocchio dice molte bugie e ogni volta il naso diventa sempre più lungo.

Dopo molte incredibili avventure Pinocchio finisce nella pancia di un'enorme balena e quì ritrova finalmente Geppetto e tutti e due si salvano.

Alla fine Pinocchio capisce che non può continuare a comportarsi come un monellaccio e decide di mettersi a studiare. Un bel giorno si accorge che non è più un burattino, ma è finalmente diventato un vero bambino.'

NB. Per rendere un racconto più vivo a volte si usa il presente anche per storie/azioni che si riferiscono al passato.

 b

Guardi le figure a pagina 117 e senza leggere descriva a un compagno che cosa succede nella storia.

 2.11 **a**

Ascolti la storia di Pinocchio. Legga la storia a voce alta. Cerchi sul dizionario le parole che non conosce.

| c'era una volta | *once upon a time* |

c

Metta la storia al passato. Aggiunga altre cose nella storia di Pinocchio.

Per casa

Scriva la sua storia preferita. Si prepari a raccontare o a leggere la sua storia preferita a un compagno o alle classe.

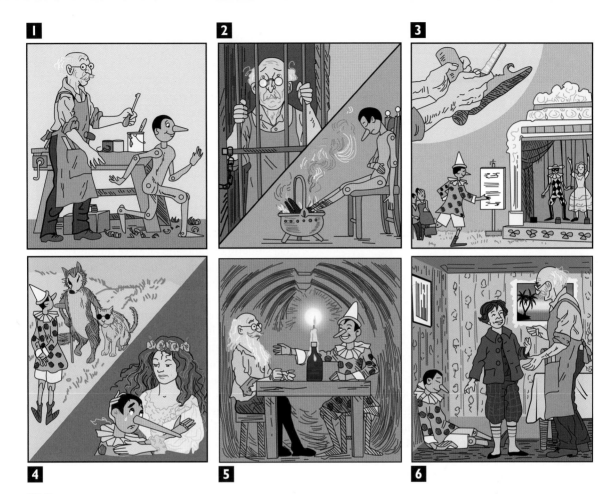

■6
Com'era la sua vita dieci anni fa?

a

Risponda alle domande.

- Quanti anni aveva 10 anni fa?
- In quale città viveva?
- Viveva in una casa o in un appartamento?
- 10 anni fa andava a scuola, lavorava o stava a casa?
- Come andava al lavoro o a scuola?
- La sera dopo cena guardava la TV, leggeva o usciva?
- Cosa faceva per il fine settimana?
- Parlava italiano 10 anni fa?
- Chi era il suo cantante preferito?
- Aveva hobby?

b

Faccia le stesse domande a un compagno.

| 10 anni fa | 10 *years ago* |

B | La qualità della vita

7
Le cose più importanti per essere felici

2.12

a

Leggete e ascoltate.

gh__ia: sassolini dai giardino

ann___ire: dire di sì con la testa

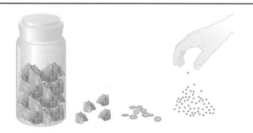

Un professore di filosofia all'inizio della lezione prende un vaso di vetro, vuoto, e lo riempie con dei frammenti di roccia. Quindi chiede agli studenti se il vaso è pieno e loro annuiscono.

Allora il professore prende una scatola di ghiaia e versa i sassolini nel vaso, scuotendolo appena. I sassolini ovviamente rotolano negli spazi fra i frammenti di roccia. Il professore chiede di nuovo se il vaso è pieno e gli studenti annuiscono.

Gli studenti cominciano a ridere quando il professore prende una scatola di sabbia e la versa nel vaso. La sabbia riempie ogni spazio vuoto.

'Adesso – dice il professore - voglio che riconosciate che questa è la vostra vita. Le rocce sono le cose più importanti: la famiglia, il partner, la salute, i figli: anche se ogni altra cosa dovesse mancare e solo queste rimanere, la vostra vita sarebbe comunque piena. I sassolini sono le altre cose che contano – il lavoro, la casa. La sabbia rappresenta qualsiasi altra cosa, le piccole cose. Se voi riempite il vaso prima con la sabbia, non ci sarà spazio per le cose veramente importanti. Decidete le vostre priorità, il resto è solo sabbia!'

A questo punto uno studente si alza, prende il vaso e ci versa una brocca d'acqua …

b

- Frammenti di roccia: aggiunga il suo alla lista del professore.
- Ghiaia. Scriva 4 'sassolini' personali.
- Sabbia. Descriva la 'sabbia' nella sua vita quotidiana.
- Acqua. Che cosa può rappresentare l'acqua nel vaso? Parlatene.

Per casa

Scriva una risposta personale a questo apologo.

c

Metta in ordine di priorità (1-8) e confronti con un compagno.

essere	belli	avere	un tetto sulla testa
	ricchi		un posto fisso ben pagato
	sani		il senso dell'umorismo
	amati		contatto con la natura
	intelligenti		amici
	sereni		una grande famiglia
	spiritosi		una piccola famiglia
	creativi		molto tempo libero

■8
Rivoluzione in rete

Negli ultimi anni anche in Italia è esploso il fenomeno della spesa online.

a

Studente A e **Studente B** (pagina 176): fatevi le domande e completate il quadro.

es:

– *Quanti sono i giovani che comprano online?*
– *I giovani sono il ventotto virgola 4 per cento.*

Giovani	28,4%
Impiegati	
Liberi professionisti	14,1%
Dirigenti	
Studenti	11,2%
Imprenditori	
Altri	22,5%

Per parlare di percentuali

il tre per cento
l'otto per cento
l'undici virgola tre per cento
lo zero virgola cinque per cento

Nei decimali si usa la virgola.

b

Studente A e **Studente B** (pag. 176): fatevi le domande e completate il quadro della spesa online in italia dal 2004 a oggi.

es:

– *Di quanto è cresciuta la spesa online dal 2004?*
– *È cresciuta del quaranta per cento.*

SPESA ITALIANA ONLINE 2004–2006: +40%		
settore		crescita
ELETTRODOMESTICI		
VIAGGI E TURISMO		146%
ABBIGLIAMENTO *in testa per le esportazioni*		
COMPUTER e ELETTRONICA		30%
ALIMENTARI *in testa per numero di acquisti*		
LIBRI MUSICA e audiovisivi		42%

del dieci per cento   **dello** 0,2 %
dell' otto per cento

c

Vero o falso?

1 La spesa per gli alimentari è cresciuta vertiginosamente.
2 È calata l'esportazione di vestiti e scarpe.
3 Il numero di italiani che ha comprato viaggi e vacanze in rete è andato alle stelle.
4 Agli italiani non piace comprare libri e dischi in rete.
5 L'acquisto di abbigliamento in rete è diminuito quasi della metà.
6 La vendita di computer online è aumentata di circa un terzo.

2.13

d

Ascolti questo servizio sull'e-commerce e scriva i numeri che mancano.

CAMPIONI DI SHOPPING ONLINE

I viaggi sono in testa alla classifica. La novità è il cibo.

Recentemente l'Unione Europea ha superato gli Stati Uniti negli acquisti online, che in un anno sono aumentati del ⬭. E nel ⬭ la spesa media su Internet per l'Europa dovrebbe passare dagli attuali ⬭ euro a testa a più di ⬭.

Sebbene abbia almeno ⬭ di utenti Internet, che spendono in media più di ⬭ all'anno, l'Italia non può ancora competere con la Gran Bretagna. I navigatori inglesi infatti spendono più di ⬭ di euro in rete (uno su ⬭ compra qualcosa), grazie anche alla maggior diffusione della banda larga. Il commercio elettronico ha spiccato veramente il volo nel nostro paese verso la fine del ⬭ oltre ⬭ di navigatori hanno infatti visitato le vetrine dei negozi virtuali dei siti italiani di e-commerce e ⬭ ha fatto acquisti in rete.

Cosa si vende di più in Internet? I viaggi fanno la parte del leone con il ⬭ della spesa totale.

La vera novità è proprio nel settore alimentare. Finora gli italiani si erano limitati a comprare sul web soprattutto viaggi, libri e dischi. Adesso cominciano a sedersi di fronte al computer per ordinare la spesa settimanale, che oggi infatti rappresenta ⬭ del mercato italiano.

---

e

Scelga l'alternativa migliore.

1 Attualmente in Europa lo shopping online <u>va bene / va male / così, così.</u>

2 Nei prossimi anni dovrebbe andare <u>meglio / lo stesso / peggio.</u>

3 C'è più gente che compra online <u>in Italia / in Gran Bretagna.</u>

4 La cosa più venduta sono <u>i libri / i viaggi / i dischi.</u>

5 Solo pochi italiani fanno la spesa <u>online / al supermercato / al mercato.</u>

Per casa

Scriva un paragrafo seguendo questi suggerimenti.

- Lei compra online? Quanto spesso?
- Se non compra spieghi perché no.
- Qual'è l'ultima cosa che ha comprato online?
- Quali sono i vantaggi dell'e-shopping secondo lei?
- E gli svantaggi?

■9
Il controturismo

2.14

a

Ascolti e unisca la regione e lo scrittore (una regione ne ha due). Attenzione! Uno di questi scrittori non è menzionata. Quale? Corregga la lista.

es: Abruzzo _____ D'Annunzio
Sardegna   Pirandello
Lombardia   Grazia Deledda
Marche   Lampedusa
Sicilia   Leopardi
                              Manzoni

b

Turismo surrealista. Riascolti e scriva cinque frasi.

1 Per decidere, si tirano … sull'atlante.
2 Si seguono strade che …
3 Si va in un aeroporto e …
4 Oppure ci si dà appuntamento … senza poter …
5 Oppure, arrivando la sera, …

c

Renda enfatiche queste affermazioni come nell'esempio.

es:

A prendere piede per prima è stata l'idea dei 'parchi letterari'.

1 Si afferma dovunque la tendenza al viaggio esotico.
2 I giovani si stancano per primi del turismo tradizionale.
3 Il Circolo Studentesco ha pubblicato i dati.
4 D'inverno in Italia vince ancora la settimana bianca.
5 Un noto giornalista ha scritto la Guida al Controturismo.

d

Fatevi le domande.

• Che tipo di viaggio sceglieresti tu?
• Perché? Cosa ti attrae di più?
• Suggerisci un itinerario regionale nel tuo paese.

■10
I due postini

Massimo vive a Treviso nel Nord d'Italia con sua moglie e le figlie, mentre **Mario** è il postino in un famoso film e vive nell'isola di Lipari vicino alla Sicilia.

2.15

a

Massimo e sua moglie parlano della qualità della vita. Ascolti e trovi nella conversazione le espressioni che corrispondono a:

- ogni mese
- certo non ne resta molto
- sono abbastanza soddisfatto
- persone che vivono peggio
- un buono stipendio
- abbiamo abbastanza soldi

Scriva sei frasi sul postino di Treviso.

Secondo voi il postino e sua moglie sono contenti della qualità della loro vita? Parlatene utilizzando le espressioni sopra.

2.16

b

Il lavoro di Massimo è cambiato. In che modo? Ascolti la seconda parte e completi.

1 Ultimamente il lavoro del postino non è più …
2 Non c'e più il tempo …
3 Quello che conta è …
4 Bisogna …
5 La posta va …
6 La maggior parte delle lettere sono …
7 La gente ormai …
8 Ogni giorno si recapitano …
9 Per alcuni gruppi la posta è …

Nel film *Il postino*. Massimo Troisi fa la parte di Mario. Era un attore molto bravo. È morto improvvisamente il giorno dopo aver finito di girare il film (1994).

Che coincidenza!

Il postino Massimo è di Treviso.

Nel film, Massimo Troisi fa la parte del postino Mario.

alla Troisi:	nello stile di Troisi
la mole:	la massa
le confidenze:	i fatti personali
recapitare:	consegnare
gli extracomunitari:	immigrati non europei

C

Guardi queste scene dal film *Il Postino* e legga la storia di **Mario.** Benché facesse il postino anche lui, la sua vita era molto diversa da quella di Massimo. Dove viveva? Quando? Cosa doveva fare per il suo lavoro? Cosa faceva ogni mattina? Che rapporto aveva con Neruda? Scriva un paragrafo su di lui usando l'imperfetto.

Figlio di pescatori. Mario, futuro postino, vive solo con il vecchio padre su un'isola del sud. Nel suo villaggio è uno dei pochi che sa leggere e scrivere. Un giorno sente che il poeta cileno Pablo Neruda verrà in esilio nella sua isola. Siamo negli anni trenta.

Portalettere. Sull'isola c'è una sola possibilità di lavoro per lui: il portalettere con bicicletta. Mario accetta e il telegrafista gli comunica che dovrà portare la posta a una sola persona: Pablo Neruda, il poeta cileno 'cantore del popolo e dell'amore.'

La prima uscita. Comincia la grande avventura del postino che aspira a diventare poeta. Ogni mattina Mario pedala su per salite e stradine fino alla casa isolata a picco sul mare dove il poeta vive con la moglie Matilda.

Confidenze. Mario e il poeta cominciano a parlare. Quando Mario gli confida di essere innamorato di Beatrice, la bella barista del paese, e gli chiede una poesia d'amore per lei, Neruda vuole conoscerla. Oltre alle confidenze, Mario e il poeta si scambiano anche regali: bottiglie di vino, libri e agende.

d

Confrontate la storia dei due postini e decidete chi ha, o aveva, la migliore qualità della vita.

e

Per saperne di più

Studente A: Lei vuole sapere come va a finire la storia del postino nel film. Chieda a Studente B e prenda appunti.

Studente B: vada a pagina 176.

■11
Viaggio alla rovescia

a

Guardi i titoli, le foto e il primo paragrafo. Scriva due frasi su

- Cosa sta succedendo in Italia
- Come lo spiegano gli economisti

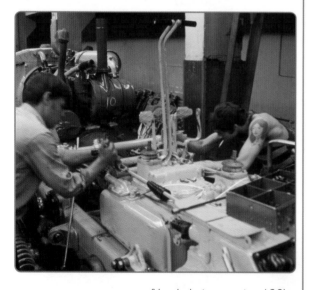

(Vocabolario a pagina 128)

Viaggio alla rovescia
Prezzi troppo alti, poche case ... Nord addio, si torna al Sud

È un viaggio senza rimpianti, un dietrofront deciso verso la propria terra d'origine. Stavolta si torna indietro per conservare qualcosa: il proprio posto nella classe media da cui il Nord, sempre più caro, rischia di sfrattarti. Lo dicono gli economisti: nel sud la vita costa, in media, dal 20 al 30 per cento in meno rispetto alle grandi città del Nord. Perché sì, al Sud si sta meglio, e se si riesce a tornare non si riparte più. Qualche decennio fa poteva sembrare un paradosso, oggi è invece una tendenza piuttosto diffusa.

Enrico Pace ha 41 anni, è contabile e sua moglie Adele fa la maestra elementare. Hanno due bambini, Luca 9 anni e Claudia 5. A luglio si sono trasferiti da Settimo Torinese al paese di Lanciano, in Abruzzo. Una scelta difficile ma convinta.

'Eravamo al Nord da 16 anni' – racconta Enrico, che per diventare un emigrante alla rovescia ha dovuto accettare un grande sacrificio, cioè il cambio del lavoro – 'A Settimo ero insegnante di educazione fisica, un mestiere vivo, bellissimo, sempre vicino ai ragazzi. Per anni ho chiesto il trasferimento in Abruzzo – niente da fare. Così sono diventato contabile e ho trovato lavoro a Lanciano. Un ufficio chiuso e un computer hanno preso il posto della palestra. All'inizio è stato molto difficile, volevo scappare – poi ha prevalso il buon senso, anzi il senso di responsabilità che ogni padre deve avere. Perché a

Lanciano si vive meglio che a Settimo e si spende meno.'

Enrico guadagna circa 1.300 euro al mese, la moglie 1.100. Sebbene non abbiano grossi problemi (non li avevano neppure al Nord) tuttavia le differenze sono notevoli. 'A Lanciano non abbiamo spese d'affitto perché viviamo nella casetta di mio padre. Il riscaldamento, nei pochi mesi in cui serve, ci viene a costare 30–40 euro, mentre a Settimo spendevamo più di 1000 euro l'anno di gasolio, cioè 90 euro al mese. L'alloggio ci costava 400 euro al mese, ed era un piccolo appartamento; qui invece abbiamo spazio, un giardino, l'orto e l'uliveto.'

Si intravede un'Italia magari nascosta ma serena, una provincia con meno servizi e meno pretese economiche dove però si risparmia, in media, il 30%. 'Il cibo costa un po' meno. In pizzeria non si spende mai più di 20–25 euro in quattro – a Torino ci costava il doppio. Se volevamo uscire la sera, bisognava pagare la babysitter 5 euro l'ora, 24 per una sera. Qui invece i bambini stanno con la nonna o con le zie. È chiaro che alla fine del mese il bilancio risponde, si riesce a risparmiare di più'. Tuttavia c'è un conto in rosso, e sono le spese di trasporto: 'A Lanciano siamo costretti a muoverci con due macchine perché le distanze tra casa e lavoro sono maggiori e i servizi pubblici insufficienti, con poche corse d'auto e poche linee. Il trasporto ci costa 250 euro, ma ci rendiamo conto che non si può avere tutto.'

'Siamo felici della nostra scelta – aggiunge Adele – benché sia troppo presto per un giudizio definitivo. È ovvio che non esistono solo vantaggi. Qui per esempio c'è un unico ospedale, ma a Torino le liste di attesa sono più lunghe. La scuola dove porto mio figlio è vecchia e umida, e mi si stringe il cuore. Ma poi ti accorgi che le maestre sono più disponibili, più attente ai ritmi degli studenti, e allora chiudi un occhio.'

b

Legga l'articolo e risponda:

1 Perché la famiglia Pace ha lasciato il Nord?
2 Per quanto tempo hanno vissuto a Settimo Torinese?
3 Che lavoro faceva Enrico? Che lavoro fa adesso?
4 Che problemi ci sono a Lanciano?
5 Torneranno a vivere al Nord?

c

Linguaggio figurato

> *Avete notato?*
>
> **'Mi si stringe il cuore'** *(my heart sinks)*
> **'Chiudi un occhio'** *(turn a blind eye)*
> Le parole del corpo danno origine a moltissime espressioni idiomatiche.

- Usando il dizionario, trovi espressioni dello stesso tipo con **occhio, mano, denti, fegato** e faccia frasi.

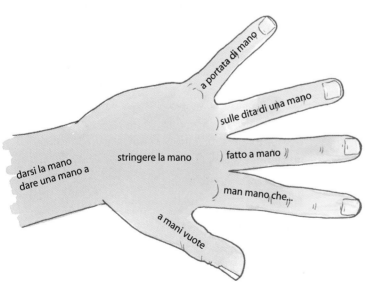

- Completi con le espressioni nel disegno. Le deve usare tutte.

Quando si tratta di Guido non bado a spese. I veri amici si contano …(1)…. Guido lavora all'aria aperta e ha bisogno di vestiti caldi …(2)…. So che ama le cose …(3)…, così gli ho regalato un maglione favoloso. Lui mi ha …(4)… e mi ha detto: come hai fatto a indovinare? …(5)… passano gli anni, la nostra amicizia si rafforza. Il mese scorso mi ha …(6)… a fare il trasloco – mi ha letteralmente salvato! So che se chiedo aiuto a lui, non torno mai …(7)….

d

> *Avete notato?*
>
> **'Benché sia** troppo presto per un giudizio, siamo felici della nostra scelta.'
> **'Sebbene non abbiamo** molti problemi, le differenze sono notevoli.'
>
> Con **benché** o **sebbene** e il congiuntivo si possono unire due affermazioni contrastanti.

Formi sette frasi iniziando con **benché** o **sebbene** e il congiuntivo. La prima è già fatta.

1 Sono contenti. Ma non è stato facile.
   Benché siano contenti, non è stato facile.
2 Hanno vissuto al Nord per 16 anni, tuttavia ora vogliono tornare.
3 In provincia ci sono meno servizi. Nell'insieme però si spende meno.
4 A Enrico il nuovo lavoro piace di meno, però si è adattato.
5 A Torino si può scegliere l'ospedale. Ma bisogna aspettare di più.
6 La scuola è vecchia e umida. Però le maestre seguono meglio i bambini.
7 È ancora presto per giudicare. Tuttavia la famiglia vive meglio.

e

Con le informazioni dell'articolo a pag. 124–5, completi il bilancio della famiglia Pace sia al Nord che al Sud nei riquadri sulla cartina.

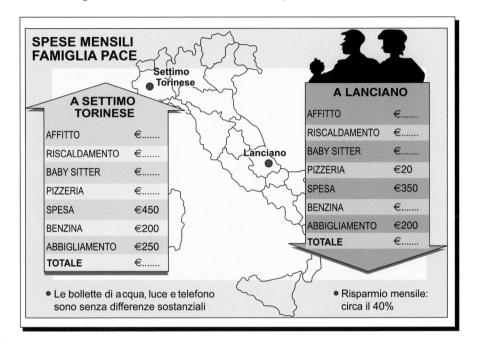

SPESE MENSILI FAMIGLIA PACE

Settimo Torinese

Lanciano

A SETTIMO TORINESE

AFFITTO	€.......
RISCALDAMENTO	€.......
BABY SITTER	€.......
PIZZERIA	€.......
SPESA	€450
BENZINA	€200
ABBIGLIAMENTO	€250
TOTALE	€.......

A LANCIANO

AFFITTO	€.......
RISCALDAMENTO	€.......
BABY SITTER	€.......
PIZZERIA	€20
SPESA	€350
BENZINA	€.......
ABBIGLIAMENTO	€200
TOTALE	€.......

• Le bollette di acqua, luce e telefono sono senza differenze sostanziali

• Risparmio mensile: circa il 40%

 f

Studente A: **Signor Pace.** La scuola dei suoi figli le ha chiesto di preparare una breve presentazione agli altri genitori sui vantaggi e svantaggi della vita a **Settimo Torinese**.

Studente B: **Signora Pace.** Lei deve parlare sui pro e i contro della vita a **Lanciano** dal suo punto di vista. Prepari una breve presentazione con esempi pratici.

Parlando, usate **sebbene, benché** e il congiuntivo.

— **Espressioni utili** —

dal mio punto di vista

per quel che mi riguarda

per quel che riguarda il cibo … la scuola …

Settimo Torinese

Lanciano

g

Discussione generale. Scegliete un argomento e discutete:

- Esiste un 'Nord' e un 'Sud' nel vostro paese? Spiegate le differenze.
- Se poteste scegliere tra Nord e Sud, dove preferireste andare a vivere e perché?

Per casa
Scrivete 250 parole sull'argomento.

h

Parole. Usi il dizionario per ampliare il suo vocabolario. Dal verbo trovi il sostantivo:

scegliere	*scelta*	viaggiare	
sfrattare		ritornare	
spendere		attendere	
trasferire		guadagnare	
sperare		risparmiare	

Vocabolario pagina 124

alla rovescia	*back to front*
rimpianto	*regret*
dietrofront	*about turn*
sfrattare	*to evict*
diffuso/a	*widespread*
trasferirsi	*to move (house, job)*
contabile	*accountant*
buonsenso	*commonsense*
delineare	*to outline*
bilancio	*budget*

■12
Un po' di storia: Nord e Sud

a

Nel linguaggio storico-scientifico ci sono molte parole di origine latina che sono comuni a molte lingue europee. Questo rende la lettura più facile. Le sottolinei mentre legge la pagina 129.

Meridione/ Mezzogiorno	*the South (as socio-economic entity)*
meridionali	*southerners*
settentrionali	*northerners*
divario	*gap*
colmare il divario	*to bridge the gap*
magari	*possibly*

b

Legga l'articolo a pagina 129 e decida se vero o falso:

1 Un terzo della popolazione italiana vive nel Sud.
2 La geografia del Sud ha contribuito al suo isolamento.
3 In passato la Chiesa ha avuto meno potere nel Sud che nel Nord.
4 L'Unità d'Italia è stata compiuta nel diciannovesimo secolo.
5 L'unificazione economica e culturale è riuscita solo in parte.
6 La Cassa del Mezzogiorno è una banca di Milano.
7 La situazione è migliorata negli anni '90.
8 Al Nord si è cominciato a parlare di secessione.

Nord e Sud

Il Sud, o Meridione, è costituito da sei regioni: Campania, Puglia, Basilicata, Calabria, Abruzzo e Molise, e dalle due isole Sicilia e Sardegna. Il Meridione costituisce il 40% del paese e ha il 30% della popolazione. È sempre esistito un divario nel grado di sviluppo tra Nord e Sud. Le ragioni di questo divario sono diverse.

La parte meridionale della penisola italiana è molto montuosa e non c'è dubbio che questo fatto abbia causato difficoltà nelle comunicazioni e nei commerci con il resto del paese. Anche la scarsezza d'acqua è sempre stata un problema. Storicamente il Feudalesimo si è affermato nel Meridione quando cominciava a declinare nel resto d'Europa. Inoltre, fin dal XIII secolo e dalle lotte tra Papato e Impero, l'influenza della Chiesa è sempre stata più forte nel Sud che nel Nord.

Al momento dell'Unità d'Italia (1860) questi due mondi sono stati unificati. Ma rimanevano profonde disuguaglianze tra il Sud rurale e il Nord più industriale. Le differenze erano non solo socio-economiche ma anche culturali.

Sebbene siano stati fatti molti tentativi per superare le disuguaglianze, non hanno avuto molto successo. Nel 1950 è stata creata la Cassa del Mezzogiorno che obbligava le grandi industrie a investire una percentuale del proprio capitale nel Sud. Ci sono stati molti interventi, senza però riuscire a colmare il divario.

Cresce infatti al Nord la protesta per l'ingente spesa di denaro pubblico nel Meridione senza gli effetti desiderati. In Lombardia negli anni '90 è nato il movimento della Lega Lombarda, che proponeva il distacco istituzionale tra Nord e Sud. Recentemente il Parlamento ha approvato la proposta di una modifica federalista della Costituzione che però deve essere sancita da un referendum popolare.

S.D.

La Piazza di Carpi

L'isola di Favignana

c

Il divario Nord-Sud: faccia uno schema delle cause e conseguenze.

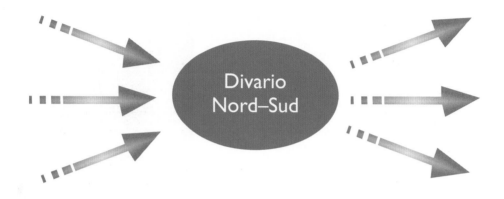

d

Scriva quattro frasi su Nord e Sud iniziando con le espressioni sotto.

es:

Non c'è dubbio che *ci sia un divario.*

Se vuole può usare le frasi di **b**.

Con queste espressioni si usa il congiuntivo

non c'è dubbio che	*there is no doubt that*
(non) si può dire che	*you can (cannot) say that*
non è che	*it isn't that*

(vedi pagina 201)

Espressioni utili

Per parlare di percentuali

l'uno per cento

lo 0,3 per cento

è salito del 10%

Punti di vista

dal mio punto di vista

per quel che mi riguarda

per quel che riguarda il/la ecc.

Per esprimere una riserva

sebbene

benché + *congiuntivo*

per quanto

Altre espressioni che richiedono il congiuntivo

non c'è dubbio che ...

non si può dire che ...

non è che ...

sembra che ...

Grammatica

1
L'imperfetto indicativo

-ARE	-ERE	-IRE
parl**avo**	tem**evo**	part**ivo**
parl**avi**	tem**evi**	part**ivi**
parl**ava**	tem**eva**	part**iva**
parl**avamo**	tem**evamo**	part**ivamo**
parl**avate**	tem**evate**	part**ivate**
parl**avano**	tem**evano**	part**ivano**

L'imperfetto si usa per:

descrivere le cose nel passato:
Si **vedevano** poche macchine 50 anni fa.

descrivere uno stato fisico o mentale nel passato:
Era un uomo coraggioso.
Da piccola **aveva** i capelli lunghi.

descrivere un'azione abituale nel passato:
Portava spesso il lavoro a casa.
Andavano sempre al mare l'estate.

Imperfetto irregolare
Pochi verbi sono irregolari all'imperfetto:
essere: ero, eri, era, eravamo, eravate, erano
fare: facevo, facevi
dire: dicevo, dicevi

2
Percentuali

Nelle percentuali è necessario l'articolo **il, l', lo** di fronte al numero. Nei decimali c'è una virgola (,):
il tre per cento: 3%
l'otto per cento: 8%
l'uno virgola 5 per cento: 1,5%
lo zero virgola 5 per cento: 0,5%

Si usa **del, dello, dell'** per indicare il valore della percentuale:
uno sconto **del** tre per cento
Il prezzo del vino è sceso **dell'**uno %
C'è stato un aumento **dello** 0,8%

3
Il presente storico

Per rendere un racconto più vivo a volte si usa il presente anche per storie o azioni che si riferiscono al passato.
Siamo nel 1969. Il primo uomo **mette** piede sulla luna.

4
Il congiuntivo presente
(v. anche Unità 2, 4, 5)

-ARE	-ERE	-IRE	-IRE (-isc)
can**ti**	scriv**a**	dorm**a**	fin**isca**
can**ti**	scriv**a**	dorm**a**	fin**isca**
can**ti**	scriv**a**	dorm**a**	fin**isca**
cant**iamo**	scriv**iamo**	dorm**iamo**	fin**iamo**
cant**iate**	scriv**iate**	dorm**iate**	fin**iate**
cant**ino**	scriv**ano**	dorm**ano**	fin**iscano**

Congiuntivo presente dei verbi irregolari
si forma dalla prima persona del presente indicativo, cambiando **-o** in **-a**:

vengo > venga
vado > vada

Dopo il superlativo relativo si usa il congiuntivo:

È l'uomo più simpatico che io **conosca**.
Forse è il libro più bello che **abbia** mai letto.

Con sebbene, benché, per quanto si usa il congiuntivo nella frase dipendente:

Sebbene **sia** pigro, è amante degli sport.
Benché si **vogliano** bene, litigano.
Per quanto **costi** molto, quella macchina avrà successo.

Espressioni negative, o di dubbio e possibilità, introducono il congiuntivo nella frase secondaria:

Non c'è dubbio che sia sincero.
Non si può dire che sia un film divertente.
Non è che piova, è solo grigio.
Sembra che in Italia il caldo **sia** diminuito.

7 Storie vere

- Uso del passato
- Raccontare una storia, un incidente
- Opinioni su azioni passate
- Altri consigli

Edison ha inventato la lampadina
(a un dato momento: *Passato prossimo*)

Come vivevano senza elettricità?
(sempre, di solito: *Imperfetto*)

Chi o che cosa ha influito di più sulla storia degli ultimi mille anni?
Come vivevano prima?
Discutete.

Guglielmo Marconi

Albert Einstein

Televisione

Elettricità

Automobile

Penicillina

Cristoforo Colombo

Neil Armstrong

Karl Marx

Sigmund Freud

La Rete

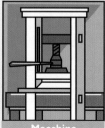

Macchina tipografica

Per saperne di più: vedi pag. 177.

A | Che è successo?

■1
Tutto a un tratto …

a

Legga questo brano da *Agostino* di Alberto Moravia e sottolinei **il passato prossimo.**

Salivano sul patino. Agostino prendeva i remi e lo spingeva al largo. Quando si trovavano a gran distanza dalla riva, la madre diceva al figlio di fermarsi, si metteva la cuffia di gomma e scivolava in acqua. Agostino la seguiva.

Ambedue nuotavano intorno al patino abbandonato, parlando lietamente con voci che suonavano alte nel silenzio del mare piatto e pieno di luce. Finito il bagno, risalivano sul patino e la madre guardando intorno al mare calmo e luminoso diceva: 'Come è bello, vero?' Una mattina erano sulla spiaggia sotto l'ombrellone e aspettavano la solita gita in barca. Tutto a un tratto, tra Agostino e il sole è apparsa l'ombra di una persona in piedi …

Quanti verbi ha trovato al passato prossimo? Spieghi perché.

2.17

b

Ascolti una lettura del brano. Senza leggere, scriva quattro frasi su Agostino al mare.

nel 1492	*in 1492*
nel Trecento	*in the 14th century*
nell'Ottocento	*in the 19th century*
negli anni venti/	*in the twenties/*
trenta/quaranta	*thirties/forties*
nel Duemila	*in the 21st century*

I secoli sono a pagina 187.

il patino	*type of rowing boat*
i remi	*oars*
al largo	*out to sea*
la cuffia di gomma	*swimming-cap*
scivolare	*to slip*
ambedue	*both*
lietamente	*happily*
tutto a un tratto	*all of a sudden*

2.18

c

Legga e allo stesso tempo ascolti alla radio questa notizia dal *Corriere della Sera* e sottolinei l'**imperfetto**.

Quanti verbi ha trovato all'imperfetto? Spieghi perché.

Fulmine sull'aereo, paura per 38 liceali milanesi
Avventuroso ritorno dall'Inghilterra dopo un soggiorno di studio

Rientro traumatico da un viaggio di studio per 38 liceali l'altra sera sul volo Air UK 920 da Londra per Linate. 'Alle 14, mentre aspettavamo di decollare sotto un temporale – racconta Greta Calcinati, 17 anni, studentessa – si sono spenti contemporaneamente i motori e le luci del corridoio, e l'aereo è stato invaso dalla puzza di fumo e di carburante. Le hostess hanno cominciato a comunicare tra di loro con i telefoni e sono impallidite. Quindi il comandante ha ordinato di abbandonare immediatamente l'aereo e di allontanarsi il più velocemente possibile. Tutti abbiamo pensato a una bomba. A terra c'erano già i camion dei pompieri.' Più tardi i passeggeri hanno saputo che uno dei motori era stato colpito da un fulmine. La comitiva è stata quindi imbarcata su un charter per il rientro in Italia. Ma il bello doveva ancora cominciare.

---

d

Com'è andata a finire?
Completi la storia con i verbi che mancano.
Sono tutti allo stesso tempo, o passato prossimo o imperfetto:

> **arrivare, finire, cadere, fare, volare**
> (non nell'ordine)

'A un certo punto infatti – racconta Cristina di Nardo, anche lei studentessa – il comandante (1) allacciare le cinture a causa di fortissime turbolenze; e dopo circa mezz'ora di 'ballo', all'improvviso l'aereo (2) giù di punta, tra le urla di tutti. La hostess (3) in aria e i vassoi con i pasti (4) sul soffitto e su di noi.' L'aereo (5) a Linate con quattro ore di ritardo.

2.18

e

Senza leggere.
Riascolti. Faccia un riassunto della notizia in trenta parole.

> Azioni, eventi: **passato prossimo**
> Descrizioni, abitudini: **imperfetto**

■2
Il tenente Kiss

In seguito all'omicidio della signora Milesi, il tenente Kiss interroga il vicino della signora.

a

Completi i fumetti con verbi o all'**imperfetto** o al **passato prossimo** come nell'esempio:

es:

Facevo/stavo facendo *il mio quotidiano bagno bollente, quando* **ho sentito** *voci concitate.*

fare (x2)	sentire
dare	vedere
lottare	essere
conoscere	colpire
chiamare	arrivare
essere	accadere

Un particolare insospettisce il Tenente Kiss. Quale?

Avete notato?

Stavo + gerundio, invece del semplice imperfetto, serve a dare il senso della durata.

(Soluzione a pagina 181)

b

Descriva allo stesso modo queste altre situazioni, usando **stare** + **gerundio**.

es:

Stavo entrando in casa quando ho visto un tipo strano.

1

2

3

4

■3
Mentre, appena, quando

Completi:

1. _____ ho fatto questa foto, stavamo tornando da Portofino.
2. Li abbiamo visti _____ uscivano dal cinema.
3. _____ ha capito che non diceva la verità, lo ha fatto subito arrestare.
4. Stava sciando a grande velocità _____ è caduto e si è rotto una gamba.
5. C'è stato uno sciopero _____ era in corso la campagna elettorale.
6. _____ è entrato il ministro, tutti hanno smesso di parlare.
7. Ha telefonato la tua amica Roberta _____ tu eri fuori a fare spese.
8. Stavano facendo un bel picnic _____ è scoppiato un temporale.

■4
Il primo amore

a

Quali sono i sentimenti che si associano con il primo amore secondo lei? Ne scelga due o aggiunga alla lista e parlatene:

avventura	ossessione	sogni	affetto
infatuazione	entusiasmo	mistero	

Legga l'annuncio del concorso e dica al compagno che cosa deve fare per partecipare.

È vero che il primo amore non si scorda mai?

Dacia Maraini, Alberto Sordi e Monica Vitti ricordano il primo amore come se fosse ieri. E voi? Raccontate la vostra storia per il nostro concorso: a giugno i vostri ricordi saranno raccolti in un libro.

b

Legga i racconti di Dacia, Alberto e Monica.
In ognuno c'è un episodio per loro
indimenticabile. Sottolinei l'immagine chiave.

Avete notato?

'come se **fosse** ieri,'
'pensavo che **morisse**'

Imperfetto del congiuntivo: vedi pag. 150.

Batticuore e febbre in Giappone

Dacia Maraini

Si chiamava François ed era il mio compagno di giochi. Avevamo tutti
e due sei anni e tutti e due vivevamo in Giappone. Un giorno si è
ammalato, aveva la febbre altissima: pensavo che morisse. Ricordo
perfettamente un pentolino che bolliva sul fuoco, lui sdraiato sul letto,
io che lo guardavo. I bambini sono capaci di grandi sentimenti,
provano emozioni profonde che rimangono indelebili nella memoria.
Quello per me è stato un amore vero.

Il piccolo Tarzan e la sua Jane

Alberto Sordi

Avevo appena sei anni e già facevo Tarzan per conquistare Emea: una
bimba dai lunghi boccoli (*curls*) neri. Cantavamo insieme alla recita
scolastica, muovendo le manine. Ma lei niente – amava Di Toro, un altro
compagno di classe, un asso in ginnastica. E così, per non essere da meno,
una sera sono uscito di nascosto di casa, sono andato davanti alle sue
finestre e mi sono arrampicato su un ramo. Volevo dimostrarle di essere
forte come Tarzan, ma sono cascato per terra con tutta la faccia
sanguinante. Lei non se n'è nemmeno accorta (mia madre sì!)

Due piccoli cuori divisi dalla guerra

Monica Vitti

C'era la guerra e vivevamo in Sicilia. Avevo otto
anni ed ero già innamorata pazza di Giuliano, un
bambino di nove. Quando i miei mi hanno detto che
dovevamo tornare a Roma, sono scesa di corsa sotto
casa: lui mi aspettava vicino alla fontana. Ci siamo
stretti la mano sotto l'acqua che scorreva, dicendo
che non ci saremmo mai dimenticati e che da grandi,
una volta finita la guerra, ci saremmo rivisti.
Chissà com'è diventato oggi. E dov'è ora. Posso
approfittare per lanciare un appello? Giuliano, se
anche tu ti ricordi di me, cercami.

Chi sono? Per sapere di più su Dacia, Alberto e Monica, vada a
pagina 177.

Avete notato?

'dicendo che **non ci saremmo mai dimenticati** e che da grandi **ci saremmo rivisti'** (*p. 137*)

Per il **futuro nel passato** si usa il condizionale passato, vedi pag. 200.

c

Trasformi le frasi secondo l'esempio.

es:

Mi ha detto: Non ti dimenticherò mai!
Mi ha detto che non mi avrebbe dimenticato mai.

1 Allora gli ho detto: Ti amerò sempre!
   Allora gli ho detto che lo …
2 Roberto ha scritto: arriverò domenica.
3 Il ministro aveva promesso: il governo abolirà le tasse!
4 Le previsioni del tempo hanno detto: sabato sarà bello, e invece ha piovuto.

d

Alberto dice di Emea: 'Una bimba **dai lunghi boccoli neri'**. Come si ricordano le persone? Colore di occhi e capelli, statura, mani, …

Con l'aiuto del dizionario descriva nello stesso modo tre persone che conosce. (Vedi anche Unità 2)

una persona	**dagli** occhi verdi
	dall'aria simpatica
	dai modi cortesi

e

Lo amava già da sei anni.

Scelga **lo** o **la**, **gli** o **le**, **lui** o **lei** e completi:

Dacia era innamorata di François: ( ) amava già a sei anni. ( ) ricorda che ( ) guardava sdraiato sul letto con la febbre altissima. Alberto amava Emea e ( ) voleva conquistare. Ma lei non ( ) amava, amava un altro. Alberto ( ) voleva dimostrare di essere forte come Tarzan. Monica aveva un amico, Giuliano, ed era innamorata di ( ). Quando i suoi genitori ( ) hanno detto che doveva partire, lei ( ) ha chiesto di incontrarsi alla fontana.

f

Ognuno sceglie una delle tre storie e la racconta agli altri al passato. Avete cinque minuti per prepararla.

```
┌─────────────────┐
│   situazione    │
└─────────────────┘
         │
         ▼
┌─────────────────┐
│ episodio chiave │
└─────────────────┘
         │
         ▼
┌─────────────────┐
│   conseguenze   │
└─────────────────┘
```

Per casa

Partecipi al concorso!
Scriva la storia del suo primo amore.
Usi un po' di immaginazione!

■5
Adesso ti racconto una cosa che mi è successa

Prima di ascoltare: sapete già il nome di questi oggetti?

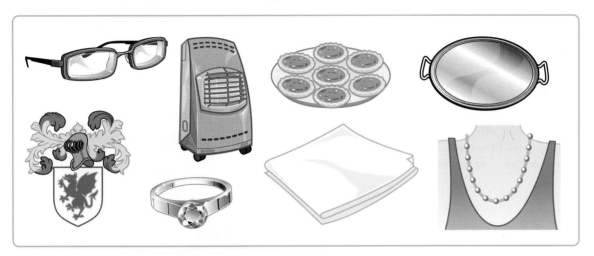

a

Prima parte
La situazione. Ascolti.

- Che giorno era?
- Dov'era la villa?
- Com'era?
- Chi ci abitava?
- Che tipo era il nipote?
- Quanti erano gli invitati?
- Com'erano?
- Che cosa portava Pina?
- Com'era il vassoio del tè?

2.19

Gli eventi. Riascolti.

- Cos'è successo finora? Scriva due cose.
- Cosa sta per succedere? Indovini:

1 Sta per squillare il telefono.
2 Sta per arrivare una banda di ladri.
3 Una delle signore sta per avere un attacco di cuore.
4 Sta per scoppiare un incendio.

b

Seconda parte

Prima di ascoltare. Che rumori sono questi? Li indichi con una freccia:

un tramestio	suono sordo di qualcosa che cade
un tonfo	grido forte e prolungato
un urlo	voci agitate
voci concitate	movimento continuo e disordinato

2.20

Ascolti la seconda parte e risponda:
- Che cosa hanno visto le signore nell'altra stanza?
- Che cosa ha fatto Pina? (tre cose).

Scriva le parole chiave.

2.20

Riascolti e rimetta insieme le frasi **1–8** e **a–h** secondo il senso del racconto.

es:

Mentre giocavano a carte hanno sentito un rumore in cucina.

1	Mentre giocavano a carte	a teneva la pistola puntata.
2	Quando hanno aperto la porta	b ha nascosto la collana sotto il tappeto.
3	Hanno visto un bandito che	c hanno sentito un rumore in cucina.
4	Trovandosi dietro il tavolo	d ha sentito le campane del convento.
5	Il bandito voleva portarla di là	e faceva un freddo da morire.
6	Mentre era stesa per terra	f Pina ha fatto cadere l'anello col brillante.
7	Sul pavimento della stanza	g la vecchia signorina era ferita per terra.
8	Quando nessuno la vedeva	h ma Pina ha fatto finta di svenire.

far finta di niente	*to pretend nothing is happening*
star zitti	*to keep quiet*
appoggiare qc	*to rest sthg (on sthg)*
sfilarsi qc	*to take something off*
mollare *(colloq.)*	*to let go*
radunare	*to group, gather*
non darsi pace	*not to resign oneself*

2.21

c

Terza parte

Ascolti la conclusione del racconto
e risponda alle domande del giornalista
come nell'esempio.

!

Nei tempi composti con il verbo
avere, il participio passato si accorda
con i pronomi personali **lo, la, li, le**:

La telefonata **l'**ho già fatt**a**
I giornali non **li** ho ancora letti

(v. p. 196)

es:

E l'argenteria? (portare via): **l'**hanno portat**a** via

1	E i gioielli?	(prendere)*
2	E le borse?	(svuotare)
3	E le giocatrici?	(chiudere* nel gabinetto)
4	E la casa?	(lasciare nel caos)
5	E i soldi?	(prendere)*
6	E le vecchia signorina?	(buttare per terra)
7	E il nipote?	(picchiare)
8	E l'anello col brillante?	(Pina: lasciar cadere)
9	E la collana?	(Pina: nascondere)*
10	E la polizia?	(qualcuno: chiamare)

participio passato irregolare*	
chiudere	chiuso
prendere	preso
nascondere	nascosto

Avete notato?

All'inizio della sua storia Pina dice:
    'Ero appena diventata nonna'.

In una storia al passato, per indicare un'azione
precedente a quella principale si usa il
trapassato prossimo (vedi pag. 197).

Si forma con l'imperfetto di **avere/essere** +
participio passato:

    avevo sentito
    eravamo andati

d

Noti le espressioni enfatiche usate da Pina.
Scelga la spiegazione giusta:

stretti come le sardine

quatti quatti

morti di paura

l'ira di Dio

 magri come pesci
 uno sopra l'altro
 in punta di piedi
 come gatti
 così spaventati che
   sono morti
 molto spaventati
 punizione divina
 caos

Faccia quattro frasi con queste espressioni.
Pensi a quattro situazioni quotidiane.

■6
Le indagini

Sono arrivati i carabinieri per le indagini.

a
Che cosa è successo (passato prossimo)

Studente A: Carabiniere

Lei vuole sapere l'ordine degli eventi. Parli con Pina:

'**Può dirmi esattamente che cosa è successo? Cerchi di ricordare….**'

Studente B: Pina

Per rispondere guardi il testo a p.178.
Usi gli indicatori di tempo:
**Quel pomeriggio… Verso le cinque…
A un certo punto …**

b
Com'era la situazione (imperfetto)
Studente C: Carabiniere

Lei vuole sapere: che ora era, dove erano le giocatrici, come erano i banditi, quanti erano, cosa facevano la padrona di casa e il nipote, se le signore avevano gioielli, se c'erano cose di valore in casa, com'era la casa quando i ladri sono andati via, eccetera.
Parli con la padrona di casa, Elisa.

Studente D: Elisa

Per rispondere guardi il testo a p.178.

Vi è mai successo qualcosa del genere?
Raccontatelo alla classe.

Per casa

'Tutti volevano raccontare la loro versione degli eventi.'
Scriva quello che direbbe uno di questi personaggi:

- il nipote
- la vecchia signorina
- il bandito

Il testo è a pagina 178–9.

Per raccontare
Uso del Passato per raccontare

Inizi il racconto con il tempo, il luogo e i precedenti:
**un anno fa
la settimana scorsa
ieri**
  ero appena arrivato a …
  avevo appena finito di …

Spieghi la situazione, cosa stava facendo:
  ero a … mi trovavo in … andavo a …
  stavo parlando con …
**quando
a un certo momento
all'improvviso**

Dica che cosa è successo esattamente:
  ho visto … ho sentito …
  è arrivato … sono arrivati …

Descriva la scena e i sentimenti:
  era una scena incredibile
  io ero … avevo …

Spieghi che cosa ha fatto di conseguenza e concluda la storia.
**allora
a questo punto
di conseguenza**

7
Malaidina

In questo romanzo contemporaneo Fiodor incontra Malaidina. Il suo racconto è al presente per maggiore immediatezza. Lo metta al passato. Cerchi di non usare il dizionario.

es:

Ieri pomeriggio sono uscito dalla MultiCo. La strada e le macchine erano allagate…

Un pomeriggio esco dalla MultiCo. La strada e le macchine sono allagate di pioggia, luccicano nel semibuio delle cinque. Apro l'ombrello, comincio a camminare verso casa con passo rapido. Arrivo a un semaforo, mi fermo al rosso e vedo Malaidina ferma all'altro lato della strada.

Ha una giacca di finta pelliccetta, del tipo di cui son fatti i piccoli orsi per bambini. Ha un cappello da marinaio norvegese; ha uno sguardo da pioggia. Aspetta il verde sul marciapiedi affollato di ombrelli, così chiara e nitida tra le altre figure.

Le faccio un cenno, ma lei non mi vede perché sta guardando l'acqua che scorre a rivoli appena oltre l'orlo del marciapiedi. Il semaforo cambia colore, la gente si precipita avanti dai due lati della strada; le automobili si precipitano parallele alla gente. Rimango fermo dove sono, mi puntello sui piedi per resistere alle spinte di quelli dietro di me, che mi passano da destra e da sinistra e si girano a guardarmi con rabbia. Sto fermo finchè Malaidina mi arriva davanti. Le dico 'Ciao', le tocco una spalla; inclino l'ombrello per mostrarle la faccia…

(A. De Carlo, *Uccelli da gabbia e da voliera*)

finta pelliccetta	*fake fur*
fare un cenno	*to wave*
a rivoli	*streaming*
puntellarsi	*to stand firm*
una spinta	*a push*

Ora traduca il brano nella sua lingua.

■8
Racconti minimi

Diventi scrittore e completi due di questi raccontini (100 parole). Può lavorare insieme a un compagno se vuole.

Queste frasi al **trapassato prossimo** potrebbero esserle utili. Ne metta una in ogni storia al posto più adatto:

- **Avevo girato dovunque.**
- **Devo dire che mi ero quasi addormentato**
- **Avevo comprato tutto quello che mi serviva.**

Avevo finito di leggere il giornale. Da sotto l'ombrellone guardavo la gente che passeggiava coi piedi nell'acqua. A un tratto ho sentito una voce che ho riconosciuto subito, anche dopo tutti quegli anni. Mi sono alzato con il cuore che mi batteva e…

AVEVO APPENA PAGATO e stavo mettendo le borse di plastica nel carrello del supermercato, quando una donna bionda che non avevo mai visto mi si è avvicinata e mi ha messo fermamente in braccio un…

Era uno di quei pomeriggi di piombo di fine estate, l'aria era ferma, le strade del paese erano deserte. Dove erano finiti tutti? Improvvisamente, da dietro i vetri di una finestra della casa di fronte una mano ha cominciato a …

B|Basta con il fumo

9

triplicare	*to treble*
danno	*damage*
invecchiamento	*ageing*

Il grande regista Federico Fellini era apertamente contrario al fumo.

L'ultimo suo film in cui si è visto un personaggio che fuma è stato il film *8½* in cui Marcello Mastroianni, nella parte di un regista nevrotico, in preda a una crisi di ispirazione, accendeva una sigaretta dopo l'altra.

'Personalmente considero il fumo dannoso, inelegante, datato e anche sciocco. Inoltre, dato che nelle sale cinematografiche è vietato fumare, perché far vedere una persona che fuma?' spiegava Fellini.

La condanna di Fellini è stata importante, perché proprio il cinema è stato il mezzo più diffuso di propaganda della sigaretta. I divi come Humphrey Bogart, con l'eterna sigaretta in bocca, per molti giovani sono sempre stati un modello da

In Italia più del 30% delle persone al di sopra dei 15 anni fuma. Oltre l'11% dei fumatori è compreso fra i 14 e i 17 anni.

imitare, per sentirsi più indipendenti e più sicuri di sé.

Purtroppo, in Italia oltre l'11% dei fumatori sono ragazzi tra i 14 e i 17 anni. Già da

tempo si pensava che il fumo facesse male, ma ora non ci sono più dubbi.

'È dimostrato che fumare più di un pacchetto di sigarette al

giorno triplica la probabilità di morire di cancro' spiega il professor Leonardo Santi, esperto di tumori. 'Il fumo può provocare danni al cervello, con la possibilità di un ictus, danni alla circolazione, favorendo così l'arteriosclerosi, la caduta dei capelli, l'invecchiamento della pelle, gastriti e ulcere allo stomaco.' Inoltre il fumo danneggia non solo chi fuma, ma anche chi gli sta accanto.

Nella lotta contro il fumo, una recente proposta di legge elenca tutti i luoghi dove sarà proibito fumare. Tra gli altri: ospedali, servizi pubblici, palestre, luoghi di ricreazione (incluse discoteche), sale per congressi e conferenze, cinema, teatri, musei, negozi, ristoranti, bar, luoghi di lavori pubblici e privati, mezzi di trasporto pubblici (treni, aerei, autobus, tassì) e così via.

a

Fellini considerava il fumo 'dannoso, inelegante, datato e sciocco'. Con l'aiuto del dizionario spieghi il significato degli aggettivi.

es:

'dannoso' vuol dire…

Trovi delle cose che secondo lei sono **dannose**, **ineleganti**, **datate** e **sciocche**.

b

Un test di memoria. Senza guardare il testo scriva almeno cinque luoghi dove è proibito fumare. Controlli sul testo.

Scriva altri luoghi dove secondo lei non si dovrebbe fumare.

c

Scriva i danni causati dal fumo in ogni riquadro della figura.

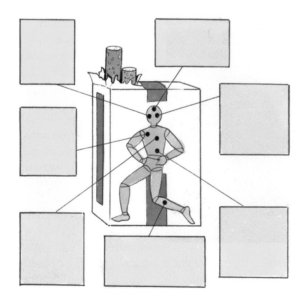

■10
'si pensava che il fumo facesse male'

a

Tutte queste cose si pensavano già da tempo. Riscriva le frasi come nell'esempio.

es:

La dieta mediterranea è sana.
*Già da tempo si pensava che **fosse** sana.*

1 Troppo sole danneggia la pelle.
2 In Italia nascono pochi bambini.
3 Il clima sta cambiando.
4 L'aereo è il mezzo di trasporto più sicuro.

Congiuntivo imperfetto		
PARL**ARE**	VED**ERE**	FIN**IRE**
parl**assi**	ved**essi**	fin**issi**
parl**assi**	ved**essi**	fin**issi**
parl**asse**	ved**esse**	fin**isse**

ESSERE: fossi, fossi, fosse, etc.
STARE stessi, stessi, stesse

(Vedi pag. 150)

b

Lei conosce Paolo da poco tempo e non è d'accordo con quello che dice Gianni.

es:

Paolo studia medicina. (legge)
Credevo che **studiasse** legge.

1 Paolo vive a Piazza Verbano.
   (Viale Maraini)
2 Paolo parla benissimo cinese.   (greco)
3 Paolo è fidanzato con Cinzia.   (Lia)
4 Paolo lavora all'Olivetti.   (Fiat)
5 Gli piace la musica classica.   (il jazz)

Penso (presente indicativo)
che **faccia** male (presente congiuntivo)

Pensavo (imperfetto indicativo)
che **facesse** male (imperfetto congiuntivo)

■11
Come pensa che abbiano smesso di fumare?

2.22–2.24

a

Ascolti le interviste (1–3) con Giovanna, Anna e Piero e completi le frasi, usando il congiuntivo passato (vedi pag. 150), come nell'esempio.

es:

*Penso che Giovanna **abbia smesso** all'improvviso, una domenica.*

1 Penso che **Giovanna** ..... lunghe passeggiate.   (fare)
2 Penso che non ..... facile.   (essere)
3 Penso che **Anna** ..... diverse volte e poi .....   (smettere, ricominciare).
4 Penso che una volta ..... un documentario e .....   (vedere, spaventarsi).
5 Penso che non ..... una sigaretta per più di un anno.   (toccare)
6 Penso che **Piero** ..... un'infinità di volte e non .....   (provare, riuscirci)

Lei ha mai provato a smettere di fumare? Come ha fatto?

b

Qualche consiglio utile per Piero.

Piero   Vorrei tanto smettere di fumare. Ho provato tante volte e ancora non ci sono riuscito.

Anna   Se fossi in te, proverei le nuove pastiglie alla nicotina ... Non mi ricordo il nome ... si comprano in farmacia. Oppure andrei dal dottore, ti consiglio il dottor Petrini, è bravissimo.

Studente A: Lei è Piero. Chieda al dottor Petrini (Studente B) qual è modo migliore per smettere di fumare. Scriva i consigli del dottore e poi scelga quelli che le sembrano più interessanti e utili.

Studente B: Pagina 179. Lei è il dottor Petrini. Dia consigli a Studente A.

Per dare un consiglio:

Se fossi (congiuntivo imperfetto) in te/lei, **andrei** (condizionale presente) dal dottore.

■12
Una breve presentazione

In gruppi discutete, preparate e fate una breve presentazione su uno dei tre argomenti:

- A che età e perché si comincia a fumare?
- Perché si deve smettere di fumare?
- Il modo migliore per smettere di fumare.

Per casa

Scriva una lettera di protesta a un giornale.
Se fuma scelga **a,** se non fuma scelga **b.**

a Per chi fuma

Per lei una sigaretta alla fine di un pasto, mentre beve il caffè è un grandissimo piacere. Ieri sera, mentre era al ristorante Ponte Vecchio con amici, le hanno proibito di fumare …

b Per chi non fuma

Lei ha smesso di fumare cinque anni fa e ora non sopporta il fumo, soprattutto mentre mangia. Ieri sera al ristorante Ponte Vecchio una persona al tavolo vicino ha cominciato a fumare …

Lo sapevate?

Il 10 gennaio 2005 in Italia è entrata in vigore la nuova legge che vieta di fumare in tutti i locali pubblici e privati aperti al pubblico, inclusi i posti di lavoro. Chi non rispetta il divieto dovrà pagare una multa.

Da rilievi fatti recentemente in ristoranti, bar, sale giochi e pub risulta che l'inquinamento da fumo passivo è diminuito.

Un dato molto positivo è che già un fumatore su quattro ha smesso di fumare o ridotto drasticamente il consumo delle sigarette, soprattutto nelle grandi città. I tabaccai ammettono che c'è stato un calo del 23% nella vendita delle sigarette.

Grammatica

▪1 I secoli

Tra l'anno 1100 e il 2000 i secoli sono indicati per brevità solo con le centinaia:

il duecento (1200–1300)
il trecento (1300–1400)
il cinquecento (1500–1600)
l'ottocento (1800–1900)
il novecento (1900–2000)
il duemila (2000–2100)

Si può anche dire 'nel tredicesimo secolo' (1200–1300) ma è più letterario.

▪2 Uso del passato

Attenzione a non confondere **passato prossimo** e **imperfetto**.

Si usa il **passato prossimo** per indicare eventi, quello che è successo a un dato momento (v. Unità 1, 2):

L'aereo **ha cominciato** a ballare.

Si usa **l'imperfetto** per descrivere situazioni, abitudini nel passato (v. Unità 6):

Il mare **era** calmo, **prendevano** il patino.

Per narrare, si usano tutti e due i tempi, anche nella stessa frase:

Mentre **facevo** la doccia **ha suonato** il telefono.
Aspettavamo l' autobus quando è **arrivata** Marina.

Per sottolineare la durata nel passato, si usa l'imperfetto di **stare + gerundio**:

Stavo leggendo il giornale quando mi hai chiamato.
L'agenzia **ha telefonato** mentre **stavamo preparando** le valige.

▪3 Participio passato irregolare

È più facile ricordare i verbi irregolari se si raggruppano in 'famiglie'. Per esempio: il participio passato dei verbi irregolari in -**dere** e -**ndere** termina quasi sempre in -**so**:

chiudere	chiu**so**
prendere	pre**so**
ridere	ri**so**
tendere	te**so**
comprendere	compre**so**
accendere	acce**so**

NB:

rispondere	rispo**sto**
nascondere	nasco**sto**
chiedere	chie**sto**

▪4 Pronomi personali complemento (3a persona)

Vanno sempre prima del verbo, eccetto all'imperativo:

Oggetto diretto: **lo, la, li, le.**

Lo vedo oggi. **La** ricordo benissimo.
Li incontro spesso.

Oggetto indiretto: **gli** (a lui), **le** (a lei).

Fabio > **gli** scrivo, Patrizia > **le** telefono.

Dopo una preposizione: **lui, le.**

Parlo con **lui**, lo faccio per **lei**.

Riflessivo, reciproco: **si.**

Carlo **si** annoia sempre.
Quei due **si** vogliono bene.

▪5 Accordo del participio passato

Nei tempi composti con l'ausiliare **avere**, il participio passato si accorda con i pronomi personali **lo, la, li, le:**

Quella telefonata, **l'**hai già fat**ta**?
Ho comprato i giornali, non **li** ho ancora let**ti**.

■6
Il trapassato prossimo

Si usa per un'azione antecedente a quella principale.

Si forma con:
l'imperfetto di **essere** o **avere** + **participio passato**:

> **Avevo provato** ma non ci ero riuscito.
> Mi **ero** appena **seduta** al tavolo quando hai telefonato.
> **Avevamo finito** di parlare e ci siamo salutati.

■7
Il congiuntivo imperfetto

Se il verbo nella frase principale è al passato, si usa l'imperfetto congiuntivo nella frase secondaria:

> Pensavo che il fumo **facesse** male.

-ARE	-ERE	-IRE
parl**assi**	ved**essi**	fin**issi**
parl**assi**	ved**essi**	fin**issi**
parl**asse**	ved**esse**	fin**isse**
parl**assimo**	ved**essimo**	fin**issimo**
parl**aste**	ved**este**	fin**iste**
parl**assero**	ved**essero**	fin**issero**

Irregolari:

ESSERE: fossi, fossi, fosse, etc..
AVERE: avessi, avessi, avesse, etc..
FARE facessi
STARE stessi
DARE dessi

— Espressioni utili —

Per parlare del passato

> nel Cinquecento
> nell' Ottocento
> nel Duemila
> nel 1945

Per descrivere qualcuno

> una persona **dal** viso rotondo, **dagli** occhi neri, **dall'** accento straniero

Per raccontare

> all'inizio …, un anno/un mese fa …
> Prima … dopo …
> poi/in seguito …
>
> quando
> a un certo momento
> tutto a un tratto
>
> quindi
> a questo punto
> di conseguenza

■8
Il congiuntivo passato

Si forma con:
il presente congiuntivo di **essere** o **avere** + il **participio passato**:

> Credo che lo spettacolo **sia finito**.
> Penso che Maria **abbia smesso di fumare**.

Si usa con il superlativo relativo:

> È il film più interessante che **abbia** mai **visto**.

8 Sondaggi e proteste

- Parlare di tendenze
- Descrivere una casa
- Mettere in dubbio
- Fare ipotesi
- Cause e conseguenze
- Protestare

2.25

a

Secondo lei, a che età bisogna avere il primo figlio?

La RAI intervista dei passanti in Piazza di Spagna a Roma.
Legga. Poi ascolti e segni l'ordine delle risposte da 1 a 10.

☐ Il più tardi possibile!

☐ Non ho tempo, non ho tempo neanche per me! Lavoro dalla mattina alla sera.

☐ Il tempo per fare i figli non c'è, però io dico 'Fateli, sennò non insegno!'

☐ Non è che ci sia un'età particolare – dipende dalla maturità della persona.

☐ Verso i trent'anni … Uno si realizza e può avere una famiglia.

☐ I padri e le madri più anziani, più maturi, forse sono migliori.

☐ Io ce l'ho avuto a 20, però oggi come oggi non lo rifarei.

☐ Prima sicuramente devo trovare un marito che mi vuole bene.

☐ Io direi intorno ai 24, 25 anni.

☐ 30, 32, 33 – non prima.

| dipende da | *it depends on* |

b

Secondo gli intervistati, da che cosa dipende l'età giusta per avere figli?
C'è un'età su cui sono tutti d'accordo? Con chi siete d'accordo voi?

A | Dove va la famiglia italiana?

■1
Dati sorprendenti

a

Ecco un grafico delle nascite in Italia negli ultimi 40 anni. Inserisca le cifre accanto all'anno che le sembra giusto.

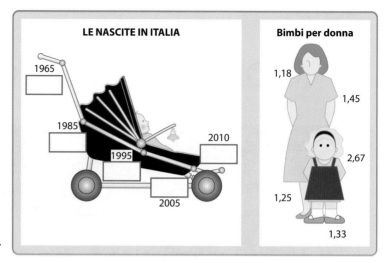

LE NASCITE IN ITALIA

1965
1985
1995
2010
2005

Bimbi per donna

1,18
1,45
2,67
1,25
1,33

Che trend rappresentano queste cifre? Ne parli con un compagno e scriva cinque frasi.

b

(Soluzione a pagina 181)

Decida come finiscono queste parole:

vertigin	anza
nasc	ità
amministra	oso
natal	sta
religi	ite
maggior	zione
rispo	oso

> **tasso di nascita = indice di natalità,**
> numero di nuovi nati per anno

2.26

c

Ascolti e sottolinei nel testo le parole di **b**.

MA DOVE SONO ANDATI A FINIRE TUTTI I BAMBINI?

LONDRA. Tutta colpa dei padri se in Italia le culle sono vuote. Le donne non fanno più figli perché i loro mariti e compagni non le aiutano ad allevarli e non condividono il peso della vita domestica. È questa la conclusione di un articolo del britannico *Sunday Telegraph* sul fenomeno del vertiginoso calo delle nascite in Italia, intitolato *Ma dove sono andati a finire tutti i bambini?* L'articolo comincia da Laviano, un paese in provincia di Salerno, dove l'amministrazione comunale offre un premio di 10.000 euro in cinque anni per ogni neonato. Malgrado questo incentivo, nei primi sei mesi di quest'anno è venuto alla luce solo un bimbo.

Il tasso di natalità in Italia è oggi di 1,33 figli per donna, meglio dell'anno passato ma sempre tra i più bassi del mondo. Le donne raramente hanno un secondo figlio. Se questo trend continua, gli italiani lentamente ma certamente si estingueranno. 'Come è possibile che l'Italia, un paese considerato come quello dove i bambini sono i più amati del mondo e dove il rispetto per la madre è quasi religioso, come è possibile che l'Italia abbia smesso di fare figli?' si chiedono i due inviati, Alastair Palmer e Bruce Johnston.

Una risposta ha cercato di darla Letizia Mencarini, docente di statistica all'università di Firenze, intervistando 3000 madri in cinque città diverse. È emerso che più il padre è partecipe, più probabile è che la donna voglia avere un secondo figlio. Solo il 6% delle madri interpellate dice che il marito collabora sempre o spesso alla gestione domestica.

'Dato che la maggioranza dei padri fa poco o nulla per casa, la conseguenza è che la maggioranza delle donne fa sciopero dopo il primo figlio,' scrive il *Telegraph*. 'Non ce la fanno a sopportare il doppio carico di andare a lavorare e crescere un altro bambino: e in genere decidono di sacrificare il secondo figlio.'

Una conferma a questa teoria arriva dalla Svezia, dove il tasso di natalità è superiore del 50% a quello italiano. Lì gli uomini sono pronti a condividere il peso domestico, e il 90% delle donne dice che non potrebbe neppure immaginare di avere figli se il padre non se ne occupasse.

d

- Aiuti i giornalisti a formulare le domande per gli abitanti di Laviano.

  1 Perché secondo lei le donne italiane …?
  2 È vero che c'è stato un …?
  3 Quanti …?

- Aiuti Letizia a formulare le domande per le sue interviste in città.

  4 Lei ha …?
  5 Lei ha voglia …?
  6 Da che …?
  7 Suo marito / il suo partner …?
  8 Lei avrebbe figli se …?

 Usando le domande di **d**, fate un sondaggio di gruppo e presentate i risultati alla classe.

e

Come è possibile?

es:

… *che l'Italia/smettere/di fare figli*

Come è possibile **che** *l'Italia* **abbia smesso** *di fare figli?*

Continui. Usi il congiuntivo passato (vedi pag. 150).

Come è possibile che …

1 … Mario/non prendere/il congedo per paternità ?
2 … i nonni/avere/tanta pazienza/quando eravate piccoli?
3 … Sandra/rinunciare/carriera così promettente?
4 … Diana/2 minuti/vestirsi/così elegante?
5 … le macchine/non/gia/diminuire?
6 … Franco/mettere/tanto tempo a finire il lavoro?

f

Cause e conseguenze. Scriva tre frasi con questi elementi.

1 Dato che (le donne) …, la conseguenza è che (gli italiani) …
2 Dato che (i mariti) …, la conseguenza è che (le donne) …
3 Dato che (gli uomini svedesi) …., la conseguenza è che … (il tasso di natalità).

Lo sapevate?

In Europa il primo figlio nasce mediamente tra ventisei anni e mezzo e trent'anni. Le più precoci sono le portoghesi e le austriache, madri a 26 anni e mezzo, passando per la Spagna e la Gran Bretagna con una media di 29 anni. Le italiane sono in fondo alla lista con una media di 30 anni.

■2
Un nuovo modo di abitare

> **single** sm/f persona che vive da sola

> ## Una casa a misura di single
> *Secondo l'ISTAT sono quattro milioni, il doppio secondo la loro associazione. Alla fiera di Vicenza le proposte degli architetti*

a

Ecco sette oggetti considerati parte integrante della vita del single. Dalle definizioni qui sotto provi a indovinare quali sono (l'iniziale la aiuterà). Usi il dizionario se vuole.

1 È comodo e all'occasione ci si può dormire in due. 　　D.........

2 Sembra che i single fumino molto. Qualche sociologo dice che è perché non hanno nessuno che gli ripeta: 'Smetti!' 　　P.........

3 I single se ne servono in continuazione. Ce ne sono diversi in giro, tascabili o comunque a portata di mano. 　　T.........

4 Nelle loro case ce n'è sempre una pronta. Mettersi in viaggio, per i single, è più facile. 　　V.........

5 Molti single sono dei gourmet, ma i più hanno soprattutto fretta! Indispensabile. 　　M.........

6 Amano circondarsene – forse per il piacere di 'incontrare' se stessi. 　　S.........

7 In un'epoca di *fuoristrada*, questo mezzo di trasporto leggero sottolinea il desiderio di bastare a se stessi e di spostarsi con facilità. 　　V.........

> ### Avete notato?
> 'ce n'è sempre una'
> 'ce ne sono diverse'
>
> **ne** + altri pronomi personali:
>
> **me ne, te ne, se ne, gliene, ce ne, ve ne, se ne**
>
> Con l'infinito, il gerundio o l'imperativo, i pronomi si attaccano alla fine del verbo:
> 'amano circondar**sene**'

(Soluzione a pagina 181)

b

Leggete l'esempio e continuate in modo affermativo.

1 Si parla molto di single in Italia?
   – *Si, effettivamente se ne parla molto.*

2 Ti ricorderai di imbucare la mia lettera?
   – ( ) certamente.

3 Mi presti un romanzo italiano?
   – Come no, ( ) due.

4 Ho sentito che Marco va via a luglio.
   – Si, ( ) a New York.

5 Bisogna parlare a Carlo del programma.
   – Assolutamente, ( ) parlo stasera.

6 Ti sei innamorato di Angela a prima vista?
   – All'inizio era solo un'amica, poi ho finito per ( ).

7 Con tanti libri che hai, quanti scaffali ci vorranno?
   – ( ) senz' altro tre.

■3
La casa di lui e la casa di lei

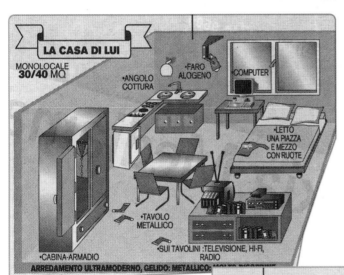

a

Studente A e **B**: Avete visitato la fiera di Vicenza dove vi sono molto piaciute alcune proposte di arredamento per single: in particolare la **Casa di lui** (Studente A) e la **Casa di lei** (Studente B). Studiate i disegni per qualche minuto e descrivete:

• tipo e stile di oggetti
• posizione dei mobili
• tecnologia
• angolo cottura

Discutete le differenze.

esigenze
requirements
bisogni
needs
fare a meno di
to do without

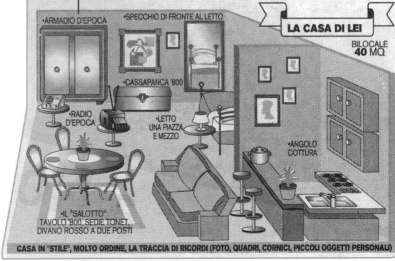

b

Studente C e D. A voi non è piaciuta nessuna delle proposte. A turno, fate dei commenti negativi come nell'esempio.

es:

La casa del single ha esigenze diverse.
Non vedo perché **abbia** *esigenze diverse.*

1 Il letto con le ruote è un'ottima idea.
2 Per una persona sola basta un monolocale.
3 È inutile avere una grande cucina.
4 I mobili antichi vanno bene anche in uno spazio ristretto.
5 Non si può fare a meno di un grande specchio.
6 Un bel divano rende la casa più confortevole.

c

La casa che fa per te.
Parlate della vostra casa e degli oggetti che ritenete indispensabili.

d

Se fossi andato alla fiera di Vicenza, avrei comprato …

Per introdurre un dubbio:

Non capisco perché …
Non vedo come …
Mi chiedo se…
Dubito che…
} **+ congiuntivo**

Per casa

Lei è un single che è stato alla fiera di Vicenza e non ha trovato niente che risponda alle sue esigenze. Scriva una lettera al giornale criticando le proposte a pagina 151.

Condizionale passato

sarei …
avrei …
} **+ participio passato**

Sarei andato a Vicenza.
Avrei comprato la radio.

Io avrei comprato il letto moderno.

A me sarebbe piaciuto/a …

Io avrei preferito …

Tu cosa avresti scelto? …

Io mi sarei accontentato di …

Noi invece avremmo preso …

Utilizzando le frasi sopra al condizionale passato scriva un breve dialogo tra tre amici.

▪4
Parlano i single

a

Studente A: questa pagina.
Studente B: vada a pagina 180.

Leggete attentamente le interviste con questi personaggi della televisione, Simona Ventura e Luciano De Crescenzo, e preparatevi a rispondere ad alcune domande.

Studente A: Cominci lei. Chieda informazioni a Studente B su Simona e prenda appunti. Lei vuole sapere:

1 **Se ha famiglia**
2 **Perché ha deciso di vivere da single**
3 **Vantaggi**
4 **La sua giornata**
5 **Come passa la sera**
6 **Chi cucina**
7 **Svantaggi nella vita pratica**
8 **Opinione sulla solitudine**
9 **Oggi non si sa più amare?**

---

colf *sf* (collaboratrice familiare)
house help

I libri unico bisogno dentro il mio eremo

Intervista con il monofamiglia De Crescenzo

Luciano De Crescenzo, **lei non solo è single di vecchia data ma anche sposato pentito, vero?**

Già, sono stato solo fino a 32 anni, poi mi sono sposato e per quattro anni ho avuto una famiglia e una figlia che oggi è grande. Ma avevo commesso un errore, che per fortuna ho riconosciuto in tempo.

Qual era questo errore?

Per me, e l'ho scritto nel mio primo libro, le persone appartengono o alla categoria della libertà o a quella dell'amore. I primi non devono assolutamente sposarsi. Io invece l'ho fatto per sbaglio.

Forse i single non amano?

Io dico che i single hanno bisogno di affetto come tutti gli altri, anzi ancora di più: perché la condizione di single regge a patto di non sentirsi mai soli, di avere una cerchia di amici fidati con cui poter conversare o uscire, o anche stare muti tutta la sera sapendo che lì c'è qualcuno con cui ci si intende e su cui si può contare. Io sono in ottimi rapporti con mia moglie e mia figlia, ci vediamo tutte le feste comandate – ma dopo che sono in casa mia da qualche ora non vedo l'ora che se ne vadano.

Ha un aiuto in casa?

Per vivere bene da single, in casa voglio dire, bisogna moderare le pretese e sapersi organizzare. Il segreto è lì. E sarà sempre di più così, perché immagino il futuro della città come un popolo di single. Io con la colf risolvo tutto e mangio benissimo, perché ho una sala da pranzo formidabile.

Dica, dica.

È il ristorante qui sotto. Ci vado tutti i giorni. Funziona.

Quali sono gli oggetti che ritiene indispensabili?

I libri. Non vado in vacanza perché non riesco a separarmi dai miei innumerevoli libri.

b
Espressioni idiomatiche

Studente A: Dopo aver letto l'intervista, completi queste frasi:

- È un solitario di vecchia …
- Sa di aver commesso …
- Si va avanti bene a patto …
- Abbiamo tutti una cerchia …
- Se ha gente in casa, non vede …
- Si tratta di moderare …

Studente B: Dopo aver letto l'intervista con Simona a pagina 180, completi le frasi:

- Simona vive in una bella casa spaziosa, <u>in barba</u> …
- Lavora tutto il giorno, <u>non fa</u> …
- Con tanto da fare, la sua vita ha <u>ritmi</u> …
- In casa fa quello che vuole, <u>è lei il</u> …
- Secondo Simona oggi si comunica male, <u>ma non è</u> …

c
Le cose che abbiamo in comune.

Studente A: De Crescenzo: pagina 157.

Studente B: Simona Ventura: pagina 180. Luciano e Simona si incontrano a un ricevimento della RAI e fanno una conversazione sulla loro vita da single per scoprire se hanno cose in comune. Potete basarvi sulle domande di **a**.
Da bravi colleghi, datevi del *tu*.

Per casa
Scriva una lettera a un amico facendo un paragone tra la vita di Simona e quella di Luciano. Esprima la sua opinione sui loro atteggiamenti. (250 parole)

LE COSE CHE ABBIAMO IN COMUNE
Una vecchia canzone di Jovanotti
Le cose che abbiamo in comune
son 4850
Le conto da sempre – da quando mi hai detto
"Ma dai, sei anche tu degli anni '60!"

……

Le cose che abbiamo in comune
son facilissime da individuare:
ci piace la musica ad alto volume
fin quando lo stereo la può sopportare

B | Un paese protesta

5

Per una dis
un paese no

QUADERNI (Verona). Agli ordini di una bellicosa parrucchiera bionda, gli abitanti di un paese a due passi da Verona questa mattina non andranno a votare. 'Non ne possiamo più di essere la pattumiera più grande del Veneto,' dice Mariella Z. 'Parole sante – annuisce la signora Ines – io e mio marito viviamo proprio nella casa più vicina alla discarica e non le dico, quando le nuvole sono basse, se non chiudessimo le finestre non riusciremmo a respirare. Bisogna chiudere le finestre per la puzza anche se fa il caldo afoso d'agosto.'

Sotto accusa, odiato da tutta la gente di Quaderni, un paesino di 1400 anime, è l'enorme immondezzaio aperto quattro anni fa appena oltre i confini comunali. 'In origine era una cava – spiega Mariella Z. – Purtroppo abbiamo la sfortuna di avere la più bella ghiaia della zona. Se non avessimo quella ghiaia

meravigliosa, glielo assicuro, non avremmo tutti questi guai. Bene: il proprietario prima l'ha svuotata tutta facendo una buca di 800.000 metri cubi e sfondando addirittura una falda d'acqua, e poi ha offerto quella gran fossa alla Regione perché ne facesse una discarica. Ma nella cava si era creato un laghetto e i tecnici hanno detto che no, la discarica vicino alla falda non si poteva fare.'

Il proprietario non si scoraggia. Riempie il fondo della buca con tutto quello che riesce a trovare e lo ricopre con uno strato di ghiaia, rifà l'offerta e la spunta: nel suo terreno verranno scaricati i rifiuti urbani di buona parte di Verona e di altri paesi dei dintorni. Decine e decine di camion al giorno, centinaia e centinaia di tonnellate. Un affarone.

Gli abitanti di Quaderni si ribellano subito. Trasformano il 'Comitato anti-cava' nel

nuovo 'Comitato Ecologico contro la Discarica', eleggono come presidente la combattiva Mariella Z. e danno il via a una guerra senza quartiere. Scrivono ai giornali, presentano esposti, ostruiscono con le macchine la stradina che porta alla discarica. Alcuni, tra cui lo studente Massimo D., giurano di vedere ogni tanto dei camion che scaricano di nascosto, a notte fonda. Il giudice ascolta le loro ragioni e ordina un'indagine: così i tecnici accertano che la presenza di cloro-derivati è 18 volte superiore ai limiti di legge, e quella di zinco ancora peggio.

E il comune? Promettono, dicono che sì, bisogna rivedere, è necessario vigilare. Ma passano due anni e la discarica è ancora lì. 'Ci hanno preso per i fondelli – dice Mariella Z. – Così abbiamo deciso che questa volta il nostro voto non l'avranno.' Negli ultimi giorni, in occasione delle elezioni comunali, più della metà degli abitanti ha deposto il proprio certificato elettorale in un'urna alternativa. Altri voteranno scheda bianca. Le schede verranno poi spedite al Presidente della Repubblica insieme a una lettera di protesta del comitato.

a

Legga l'articolo e metta un titolo a ogni paragrafo (1–5).

Un bravo uomo d'affari ☐

Scheda bianca ☐

Non si respira ☐

Quella ghiaia così bella ☐

Traffici sospetti ☐

Il titolo dell'articolo è in parte cancellato. Lo completi (con 3 o 5 parole).

(Soluzione a pagina 181)

discarica	*rubbish dump*
pattumiera	*rubbish bin*
immondezzaio	*rubbish tip*
buca, fossa	*large hole, ditch*
falda acquifera	*water table*
spuntarla	*to win against the odds*
giurare	*to swear*
votare scheda bianca	*to spoil one's vote*

b

I cittadini di Quaderni parlano in modo colorito. Sostituite le espressioni sottolineate con quelle equivalenti prese dal testo (nel riquadro) e leggete a turno ad alta voce.

1 — Vivevamo tranquilli finché non è comparsa questa discarica <u>vicinissima</u> al paese.
2 — D'estate, quando fa caldo, non si possono nemmeno aprire le finestre.
3 — <u>Proprio così.</u>
4 — <u>Le lascio immaginare</u> quello che abbiamo fatto. Abbiamo contattato i giornali, la TV, i giudici.
5 — Abbiamo <u>iniziato</u> una grande campagna.
6 — Sì, una <u>campagna senza sosta</u>.
7 — Ma niente è cambiato.
8 — E intanto per qualcuno c'è stato <u>un grosso guadagno</u>.
9 — Già. <u>Ci hanno imbrogliato.</u>
10 — Ma noi <u>annulleremo il nostro voto</u>.
11 — Mi creda, <u>siamo stufi</u>.

non le dico	ci hanno preso per i fondelli	a due passi da
dato il via a	parole sante	non ne possiamo più
	guerra senza quartiere	voteremo scheda bianca

un affarone

c

Nel paragrafo 4 sostituisca 'La gente di Quaderni' a 'Gli abitanti di Quaderni' e continui, facendo tutti i cambiamenti necessari, fino a 'Il giudice ascolta'.

es:

gli abitanti si ribellano > la gente si ribella

Mariella Z.

la signora Ines

d

Rilegga l'articolo e prenda nota delle cause come nell'esempio.

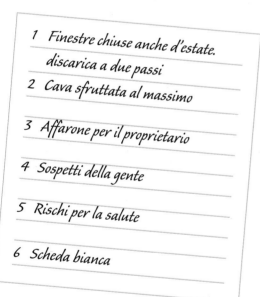

1 Finestre chiuse anche d'estate. discarica a due passi

2 Cava sfruttata al massimo

3 Affarone per il proprietario

4 Sospetti della gente

5 Rischi per la salute

6 Scheda bianca

Massimo D.

il proprietario

Ora scriva cinque frasi complete.

es:

Le finestre sono chiuse anche d'estate,
a causa *della puzza della discarica.*

> **Cause**
> a causa di ... del ...
> in seguito al ... alla ...
> perché
> dato che...
> visto che...

■6
Ipotesi

a

Se non … Completi le ipotesi con la frase adatta:

1 Se non parlassimo ai giornalisti, …
2 Se non chiudessimo le finestre, …
3 Se non ci fossero tante macchine, …
4 Se non ci fosse la discarica, …
5 Se non fossimo veramente stufi, …

a … l'aria non sarebbe inquinata.
b … andremmo a votare.
c … non potremmo respirare.
d … nessuno saprebbe che succede qui.
e … avremmo una vita tranquilla.

b

Fate altre ipotesi: dite cosa succederebbe se…

- se nel mondo finisse tutta la benzina
- se l'internet fosse gratis
- se il clima inglese non esistesse mediterraneo
- se voi foste nati in Italia

Avete notato?

'Se non avessimo quella bella ghiaia, non avremmo tanti guai.'

se + impf. congiuntivo + condizionale

Per il periodo ipotetico vedi pag. 169.

Per casa

- Lei abita a Quaderni. Scriva una lettera al Presidente della Repubblica spiegando perché ha votato scheda bianca. Suggerisca una soluzione: veda attività **7**.

- Scriva una lettera di protesta al suo Comune (100 parole) su uno dei seguenti argomenti:

Il rumore / La raccolta dei rifiuti / Troppe case e poco verde

---

Per protestare:

Siamo stufi di	+ infinito
Non ne possiamo più di	
Il rischio è che …	+ congiuntivo

Per suggerire:

Sarebbe una buona idea	+ infinito
È ora di …	
Se + impf. cong, allora …	+ condizionale

7
Una foresta tropicale su una discarica britannica

Oggi è una discarica di rifiuti in Lancashire. Domani sarà una foresta tropicale. L'ambizioso progetto, che porterebbe enormi benefici ambientali, nasce dagli stessi architetti che hanno creato il Progetto Eden, il lussureggiante orto botanico coperto da grandi cupole trasparenti in Cornovaglia. Il calore necessario per far crescere una giungla tropicale nel freddo e umido Lancashire nel nord dell'Inghilterra verrà dal compostaggio, cioè dalla decomposizione dei rifiuti organici che poi si trasformano in concime.

Kew of the North (così si chiamerà) includerà infatti il più grande sito di compostaggio d'Europa, e anche senza turisti genererà profitti dalla produzione di calore e elettricità, e dall' offerta del sito per lo stoccaggio di rifiuti organici. Per intenderci, a *Kew of the North* potrebbero essere stoccati tutti i rifiuti di una città come Manchester! Costerà 220 milioni di euro, ma rigenererà una parte di territorio oggi inospitale e sarà practicamente autosufficiente dal punto di vista energetico. I guadagni potrebbero essere di 12 milioni di sterline l'anno.

Michael Pawlyn, uno degli architetti, afferma che "molte autorità locali non sanno che fare con i rifiuti. Noi possiamo trasformare un problema in un'opportunità. Nei nostri 'tubi' verrà scaricato di tutto: avanzi di cucina, potatura di alberi, foglie raccolte nelle strade, cibo andato a male, carta e persino materiali tessili...." *Kew of the North* dimostrerà chiaramente l'assurdità di usare solo una volta materiali che è costato una fortuna produrre. "Si farà crescere una foresta pluviale – dice Jane Gilbert – la gente vedrà i benefici del riciclaggio: è una situazione da cui tutti escono vincitori."

2.27

a

• Ascoltate e leggete facendo attenzione al vocabolario. Fate gruppi di parole che hanno qualcosa in comune secondo il senso dell'articolo. Poi fate frasi.

es:

---

discarica → rifiuti → foresta tropicale
Su una discarica di rifiuti nascerà una foresta tropicale.

2.27

b

• Riascoltate.

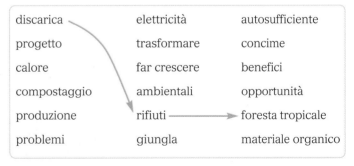

discarica	elettricità	autosufficiente
progetto	trasformare	concime
calore	far crescere	benefici
compostaggio	ambientali	opportunità
produzione	rifiuti ——→	foresta tropicale
problemi	giungla	materiale organico

1 Cosa ci sarà sotto la foresta tropicale?

2 Come si produrrà il calore necessario?

3 Che cos'altro hanno creato questi architetti?

4 Che cosa genererà profitti economici?

5 In che modo si trasformerà un problema in un'opportunità?

6 Che cosa convincerà la gente dei benefici del riciclaggio?

C | Fatti di cronaca

■8
Fuga dal paese

2.28

a
Ascoltate e leggete.

Anna e Ida, le due donne che avevano abbandonato marito e figli per evadere dalla realtà ristretta del proprio paese, sono tornate a casa. Immediatamente si è fatto il parallelo con il film *Thelma e Luise*, ma il finale questa volta fortunatamente è diverso.

Da Napoli sentiamo Alberto De Santis:

'Le hanno paragonate a Thelma e Luise, ma invece di fuggire in auto da Serre, un minuscolo e, a loro dire, invivibile paesino a pochi chilometri da Salerno, sono fuggite in treno. Invece che dalla polizia federale sono state inseguite da poliziotti tranquilli e pieni di buon senso. Anziché una fuga a base di omicidi e gesti violenti, per Anna e Ida lo scopo della fuga era la ricerca di un lavoro. Sono state trovate alloggiate in un modesto albergo di Genova. E per loro alla fine niente salto nel vuoto, ma un salto più casalingo nella sala d'aspetto della stazione di Genova, dove si erano rifugiate. Con loro erano i mariti infuriati e alcuni agenti che cercavano di mantenere la calma in una situazione piuttosto tesa.

In una breve intervista che ci hanno concesso prima di ripartire per Serre, le due donne hanno fatto luce su un fatto di cronaca esagerato e romanzato da giornali e TV, poco rispettosi di una difficile vicenda personale e hanno rivelato una profonda insoddisfazione con la loro vita a Serre.

Alla nostra domanda sulle ragioni della fuga, Anna ha risposto che la vita a Serre era insopportabile e che in un paese così brutto, senze cinema, senza una discoteca e dove non c'è mai niente da fare, si muore di noia. Ha aggiunto che volevano evadere da un posto soffocante, dove la gente controlla tutto e tutti.

Quando abbiamo chiesto se intendevano abbandonare anche i figli, Ida ha detto che il desiderio di evadere era troppo forte e che in ogni caso i figli erano già abbastanza grandi. Hanno poi aggiunto che non capivano perché polizia, cronisti e TV le avessero inseguite e che la curiosità morbosa per la loro storia era dovuta solo al film *Thelma e Louise*. Il colmo dell'ironia è che Ida e Anna non hanno neanche visto il film!

anziché/invece di	*instead of*
fuggire/scappare	*to run away*
scopo	*aim*
salto	*jump*
vicenda	*event*

b

La storia di Ida e Anna è stata paragonata al film *Thelma e Louise*. Sicuramente in classe molti hanno visto questo film famoso.

In gruppi cercate di ricordare e di ricostruire la storia di Thelma e Louise. Chi ha visto il film racconta la storia e gli altri prendono appunti.

c

Scriva cosa è simile e cosa è diverso nelle due storie.

Thelma & Louise

Anna & Ida

....	Ragioni e scopo della fuga	....
....	Mezzo di trasporto	....
....	Da dove sono fuggite	....
....	Dove sono andate	....
....	Alloggio durante la fuga	....
....	Chi hanno lasciato	....
....	Chi le ha inseguite	....
....	Conclusione della fuga	....

d

In modo conciso scrivete la notizia della fuga per il vostro giornale locale.

e

Rileggete la storia. In gruppi di tre ricostruite e scrivete l'intervista che Alberto De Santis ha fatto alle due donne, facendo domande sulla fuga e sulla loro vita a Serre **(lavoro, vita sociale, famiglia, divertimenti, stato economico, ecc.)**

Studente A = Alberto De Santis
Studente B = Anna
Studente C = Ida

Potete cominciare così:
Alberto   'Ma perché siete scappate?'
Anna   …
Ida   …

f

Serre è descritto dalle due donne come:
'un paese <u>invivibile</u>, cioè un paese <u>dove non si può vivere</u>'.

Allo stesso modo descriva:
- una notizia <u>incredibile</u>, cioè …
- un oggetto <u>introvabile</u> …
- un giocattolo <u>indistruttibile</u> …
- un bambino <u>insopportabile</u> …
- una cosa <u>invisibile</u> …
- una critica <u>intollerabile</u> …

Per casa

Il marito di Anna, scioccato dalla fuga della moglie, si è molto lamentato. Scriva alcuni commenti del marito cominciando così:

'Non riesco a capire perché …'

'Non mi aspettavo …'

'Non sopporto l'idea che …'

'Non ha senso …'

'La cosa peggiore è …'

furto	theft
gestore	manager
pattuglia	patrol
custode	keeper
passamontagna (m)	balaclava
scalzi	barefoot
impronta	footprint
dipinto	painting
rapina a mano armata	armed robbery

9
Furto nella Galleria Nazionale

Il 'cabanon de Jourdan'

Roma. Due Van Gogh e un Cezanne sono stati rubati nella Galleria Nazionale di Arte Moderna. Tre uomini mascherati si sono introdotti di notte nel museo.

Clamoroso furto notturno alla Galleria Nazionale d'Arte Moderna di Roma: due quadri di Van Gogh e uno di Cézanne sono stati portati via con tutta calma e molta professionalità da tre uomini a volto coperto.

L'allarme è stato dato dal gestore del bar interno che ha notato che l'entrata della galleria era stata lasciata aperta e ha avvertito una pattuglia della polizia. Le tre custodi sono state trovate legate e imbavagliate. 'Si è trattato di un vero lavoro da professionisti' ha commentato il questore di Roma Antonio Pagnozzi.

In effetti i tre si sono presentati coperti di passamontagna, guanti alle mani e senza scarpe ai piedi per evitare qualsiasi impronta. Si sono allontanati solo dopo aver estratto la videocassetta del sistema di controllo che hanno portato con sé.

I tre dipinti con la loro fama, non possono essere immessi sul mercato direttamente. Potrebbe trattarsi di un furto su commissione di un qualche folle collezionista segreto.

Raccontano le tre custodi 'Non abbiamo fatto in tempo ad aprire la porta della sala controlli che siamo state assalite da tre uomini armati, con il volto coperto e stranamente scalzi.' Le custodi sono state minacciate con le pistole e sono state costrette a staccare tutti gli allarmi. Poi sono state legate, imbavagliate e chiuse in un bagno. Sono state tenute sotto controllo da uno del gruppo, mentre gli altri due salivano al primo piano e prendevano i quadri.

Il museo, spiegano i responsabili, non ha guardiani armati, solo controllori disarmati e una serie di apparecchiature elettroniche. D'altra parte non ci sono molti precendenti di rapina a mano armata in un museo.

a

Legga e risponda:

1 In che modo è stato scoperto il furto?
2 Quale può essere il motivo del furto, se non è possibile vendere i quadri apertamente?
3 Cosa hanno fatto i ladri per non essere riconosciuti?
4 Che misure antifurto ci sono nel museo?

b

Trovi nel testo le frasi equivalenti scritte nella forma passiva:

es:

I ladri hanno rubato tre quadri.
Tre quadri sono stati rubati dai ladri.

1 Tre uomini hanno portato via i quadri.
2 Il gestore ha dato l'allarme.
3 Avevano lasciato aperta l'entrata.
4 Hanno trovato le tre custodi legate.
5 I ladri hanno minacciato le tre custodi.
6 Hanno legato le tre donne.
7 Hanno imbavagliato le custodi.
8 Hanno chiuso le donne in un bagno.
9 Hanno costretto le donne a staccare gli allarmi.

La forma passiva

Soggetto + essere + participio passato del verbo principale + da

Le custodi sono state minacciate dai ladri.

10
Chi è stato? Indovini.

c

La polizia sta indagando sul furto per trovare i ladri e per scoprire se ci sono complici. Ci sono quattro possibili soluzioni. Secondo lei chi è il colpevole? O forse ha una soluzione diversa? Confronti con un compagno.

1 Il gestore del bar.
Era un complice dei ladri e li ha fatti entrare di nascosto alle 22.00, poco prima della chiusura della galleria. Ha dato l'allarme e ha chiamato la polizia per non destare sospetti su di sé.

2 Le tre custodi.
Una è la moglie e le altre due sono le fidanzate dei ladri. Tutti facevano parte di una banda di ladri di opere d'arte. Si spostavano di città in città e organizzavano furti. Le tre donne lavoravano nella galleria da diversi mesi ed erano rispettate da tutti.

3 Una delle custodi.
Stefania V. si è rivelata la complice dei rapinatori. Si è scoperto che era la moglie di uno dei ladri. Le colleghe erano incredule, perché la stimavano molto. Pensano che sia stata costretta dal marito.

4 I tre ladri.
Erano parte di un'esperta banda internazionale specializzata in furti d'arte su commissione. Si erano conosciuti nelle carceri in Belgio e avevano organizzato il furto con grandissima cura.

(Soluzione a pagina 181)

Grammatica

1
Ne (*of it, of them, from here/there*):

Con espressioni di quantità **ne** non si può omettere:
  ne hanno molti, **ce ne** vogliono tre

Con gli altri pronomi personali si accoppia così:

me ne	**te ne**	**se ne**	**gliene**
ce ne	**ve ne**	**se ne**	**gliene**

> Che **te ne** pare? *What do you think of it?*
> **Gliene** parlo domani. *I'll speak to him/her/them about it tomorrow.*

2
Pronomi doppi
Di solito vanno prima del verbo:
  Ce n'è sempre una.
  Me ne vado.
  Se ne ricorderà?

All'imperativo, al gerundio e all'infinito si attaccano al verbo:
  Dam**mene** uno.
  Andando**sene**, ha salutato tutti.
  Spero di ricordar**mene**.

3
La forma passiva
Si forma con **soggetto** + **essere** + **participio passato** del verbo principale + **da**:
  Questo giornale **è letto** da tutti.
  Le donne **sono state intervistate** dal cronista.

4
Per introdurre un dubbio o una critica

Si usa il **congiuntivo** dopo un verbo che esprime un dubbio o una domanda indiretta:

> Non capisco come **abbiano** potuto farlo.
> Non vedo perché l'**abbia** detto.
> Mi chiedo se **sia** una buona idea.
> Non so se **sia** vero.

5
Cause e conseguenze

Si usa l'**indicativo** dopo le espressioni seguenti:

a causa di; in seguito a; grazie a + sostantivo
dato che; quindi; di conseguenza

> A causa delle piogge, si **è** allagato il paese.
> Dato che dovevamo vederci, **era** inutile telefonargli.
> Siamo arrivati tardi, di conseguenza **abbiamo** perso il film.

6
Ipotesi

Con **se** si usa il **congiuntivo imperfetto** (o trapassato) + **condizionale** (presente o passato):

> Se **vincessi** la lotteria, **partirei** domani.
> Se **avessero fatto** l'inchiesta prima, **avrebbero evitato** l'inquinamento.

Con **come se** si usa il **congiuntivo imperfetto** (o trapassato):

> Come se non **bastasse** …
> Parlavano come se **avessero vinto** la causa.
> Ma notare: se **piove,** non esco.

Espressioni utili

Per protestare
  Insomma!
  Siamo stufi di …
  Non ne possiamo più

Per suggerire
  È ora di …
  Io direi di …
  Sarebbe una buona idea + *verbo (infinito)*
  Sarebbe meglio + *verbo (infinito)*

Consequenze
  Quindi
  Perciò
  Di conseguenza

Studente B

UNIT 1

■8
Qual è il prefisso?

Studente B: Dica a Studente A i prefissi delle città italiane e chieda quelli che mancano nella sua lista.

BOLOGNA	
CATANIA	
FIRENZE	
MILANO	055
NAPOLI	02
PERUGIA	
PISA	075
ROMA	
TORINO	011
VENEZIA	041

■10
Quante telefonate da fare!

b

Studente B: Risponda alle telefonate usando le informazioni nei riquadri.

Parrucchiere

Aperto tutti i giorni (9–20) ma chiuso ora di pranzo (12–14)
Chiusura settimanale: lunedì

Ditta Sarra

Direttore occupatissimo tutta la settimana. Unica ora possibile sabato mattina dopo le 11

Dottor Menicucci:

Domani giovedì niente visite a casa solo ambulatorio. Possibile venerdì ora di pranzo

---

Studente A: risponda alle altre telefonate nello stesso modo.

TEATRO VASCELLO

La Locandiera di Goldoni
14 marzo–23 aprile
Biglietti: intero €15, ridotto €10
gruppi e scuole €6
Mart-Sab: ore 21
Giovedì e Domenica: ore 17

Ristorante cinese
Mille e una Cena:

Quante persone? Ora?
Indirizzo per la consegna?
Cena Verde Cina €15
Cena cantonese €18
Blu Cina €20 a persona

Negozio Alimentari
Super A Casa
Chiedere la lista
Consegnare a che ora?
Dove?
Altro?

UNIT 2

■9
Opinioni

d

(Paolo e Carmela)

P   Oh ciao!

C   Ciao. Come stai?

P   Bene, bene – Però …

C   Però cosa ti è successo?

P   Oh, ho un po' di problemi con i miei figli.

C   Ma va!? Come mai?

P   Eh – se sapessi … Ce ne ho uno che non pensa a altro che a divertirsi.

C   Ma no, ma non è vero!

P   Eh, ma secondo me i giovani di oggi sono cambiati, sai …

C   Davvero! – Pensi che siano cambiati i giovani?

P   Oh tanto! Il mio pensa solo a guardare la televisione, a uscire con gli amici, a andare in discoteca. Di studiare poi non se ne parla.

C   Ma guarda, a mio parere influiscono molto le amicizie.

P   Infatti, infatti, sono sicuro, perché ho visto che lui ci ha un gruppetto di amici che … non mi piacciono, non mi piacciono affatto.

C   Ma sì, senti, è così, è proprio vero … Perché in effetti la figlia della signora Rossi ha degli amici incredibili e la signora Rossi ha tanti problemi con questa figlia. Mentre invece il ragazzo frequenta proprio dei ragazzi per bene e al contrario non ha nessun problema.

P   Eh, può darsi, può darsi – penso che tu abbia ragione, perché ho saputo di questa signora Rossi e so che a volte succede. Gli amici, l'amicizia … sì, è molto importante.

C   Sì, sono d'accordo – sono d'accordo perché sì gli amici sono proprio importanti a questa età.

■10
Vegetariani

c

Risposte possibili:

I tuoi ospiti non mangiano carne? Ecco un menù tutto italiano

Il menù è del ristorante vegetariano *Gioia* di Milano che ha conquistato una stella Michelin con piatti di sola verdura.

Primo	Ravioli al sedano verde ripieni di melanzane
Secondo	Sformato di patate e funghi porcini con salsa allo yogurt
Formaggi	Selezione di formaggi di mucca e di pecora
Dolce	Crema ghiacciata ai frutti di bosco
Vino	Bianco (Vermentino)

Anche le scarpe sono animaliste

Gli animalisti non accettano calzature in pelle e cuoio legate alla morte degli animali. L'alternativa? Scarpe in gomma o tela o in materiale sintetico. Tutte sportive naturalmente. Ma in Italia ci sono oggi anche negozi che vendono solo calzature in materiali sintetici che però lasciano respirare il piede, e sono sia sportive che eleganti. (Costano dai 20 ai 60 euro.)

UNIT 3

■10
Un guasto sull'autostrada

Studente B: Lei è diretto a Venezia per una riunione. È partito da Bologna alle 7.00 questa mattina. Sono le 8.45 e sfortunatamente la sua macchina ha avuto un guasto. Telefoni all'ACI e dia le informazioni necessarie al meccanico.

Quando avete finito scambiatevi i ruoli.

Studente A: Sono le 18.00 e lei viaggia sull'autostrada A1 diretto a Napoli. Improvvisamente il parabrezza della sua macchina si rompe in mille pezzi. Chiami il meccanico ACI e dia le informazioni necessarie.

FIAT TIPO

TARGA:	RT 835N2B
COLORE:	MARRONE
NOME:	MARIO COLANGELI
POSIZIONE:	10 KM DOPO FERRARA
DIREZIONE:	VENEZIA
PROBLEMA:	GOMMA A TERRA

(Ha fretta. Deve essere a Venezia per una riunione per le 9.30)

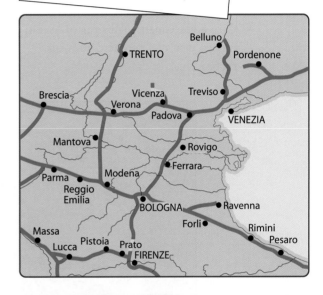

NISSAN MICRA

TARGA:	LR54 CXF
COLORE:	BIANCA
NOME:	DAVID CLARK
POSIZIONE:	30 KM A SUD DI ROMA
DIREZIONE:	NAPOLI
PROBLEMA:	PARABREZZA ROTTO

(Deve assolutamente arrivare a Napoli per le 18.45 per prendere l'ultimo traghetto della giornata per Capri.)

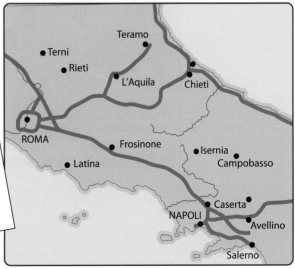

■14
Sul Lago Dorato

d

Studente B: Lei ha sentito parlare del Lago della Duchessa e vorrebbe fare l'escursione. Telefoni a un amico che conosce il posto molto bene.

- Prepari le domande e chieda informazioni su:
  posizione del lago
  difficoltà
  descrizione del lago
  quanto tempo ci vuole

- Qual è esattamente l'itinerario? Ascolti l'amico e segni il percorso sulla sua cartina.

UNIT 5

■1
Che cosa succederà?

a

Studente B: Legga i due articoli e scriva i dettagli nella scheda come per *L'ora legale*. Ora chieda a Studente A che cosa succederà in futuro e completi la scheda. Poi scambiatevi i ruoli.

Extra: Continuate con *Maratona con amore*.

Maratona con amore

Si partirà mano nella mano per la mini-maratona a coppie 'Sempre insieme' dedicata agli innamorati. In pantaloncini e trainers, ci si ritroverà domani mattina alle 8 e mezzo sul Piazzale del Pincio. La partenza sarà alle 10.30 in punto, per un percorso di 5 km nel verde di Villa Borghese. Ci sono già 300 iscritti ma ci sarà tempo: le ultime iscrizioni saranno accettate fino a 20 minuti prima della partenza, direttamente al Pincio.

La scelta della scuola

Oggi ultimo giorno del servizio di orientamento offerto da *Repubblica* agli studenti delle scuole medie che lunedì prossimo dovranno presentare le domande di iscrizione alle scuole superiori.

Il centralino di *Repubblica* sarà al lavoro oggi pomeriggio dalle 15 alle 18. Chiunque telefonerà ai numeri 76 14 261 e 76 14 226 riceverà consigli sui tipi di scuola e sulle professioni [iù richieste nei prossimi anni.

	chi/che cosa	quando	dove	come/perché
L'ora legale	*inizio ora legale*	*sab 26-dom 27 fino al 24 settembre*	*Italia e altri 20 paesi*	*spostando le lancette avanti di 1 ora*
Vento del sud				
Scelta della scuola				

scattare	*to come into effect*
essere in vigore	*to be effective*
servizio di orientamento	*careers advisory service*
centralino	*switchboard*
sempre più	*more and more*
gli innamorati	*lovers*

UNIT 6

■8
Rivoluzione in rete

 a

Studente B: Risponda alle domande di Studente A come nell'esempio.
Poi completi il suo quadro con l'aiuto di Studente A.

es:

Quanti sono i giovani che comprano online?
Sono il ventotto virgola 4 per cento. (28,4%)

Giovani	28,4%
Impiegati	31,6%
Liberi professionisti	
Dirigenti	11,8%
Studenti	
Imprenditori	9%
Altri	

b

Studente A e Studente B: Completate il grafico sotto facendovi le domande. Inizia Studente B.

es:

Quanto è cresciuta la spesa italiana online dal 2004.
È cresciuta del quaranta per cento.

SPESA ITALIANA ONLINE 2004–2006: (+40%)		
settore		crescita
ELETTRODOMESTICI		11,3%
VIAGGI E TURISMO		
ABBIGLIAMENTO *in testa per le esportazioni*		49,2%
COMPUTER e ELETTRONICA		
ALIMENTARI *in testa per numero di acquisti*		3,5%
LIBRI MUSICA e audiovisivi		

■10
I due postini

e

La storia del Postino del film. Conclusione

Quando Mario e Beatrice si sposano, Neruda fa da testimone alle nozze. Ma per Neruda viene il momento di lasciare l'isola. Mario e Beatrice, che aspetta un bambino, aspettano inutilmente notizie dal Cile. L'unica lettera che arriva è del segretario di Neruda: chiede che gli oggetti rimasti nella casa a picco sul mare vengano rispediti a un certo indirizzo. Mario va a fare l'inventario e nell'atmosfera della casa si mette a scrivere: è diventato un poeta.

Sicuro ormai di essere stato dimenticato, Mario ha un'idea: registrerà tutti i suoni dell'isola e li manderà a Neruda per ricordargli la sua vita lì. Un giorno viene invitato a leggere in pubblico, a Napoli, il suo 'Canto a Pablo Neruda' e decide di registrare anche questo per mandarlo al poeta. Ma ci sono dei disordini e un colpo sparato dalla polizia lo uccide.

Passano gli anni e Neruda decide di tornare a far visita all'isola e al suo postino. Invece di Mario trova Pablito, il bambino nato dopo la sua morte. Ora Beatrice può consegnare a Neruda il registratore con i suoni dell'isola, ma anche con il rumore dello sparo che ha ucciso il postino.

UNIT 7

Focus page

Per saperne di più ...

1. **Guglielmo Marconi** (1874–1937), premio Nobel 1909 per la fisica, inventore della telegrafia senza fili e della radio

2. **Albert Einstein** (1879–1955), teoria della relatività 1905 (E = mc^2)

3. **Televisione:** anni 30. Prime trasmissioni sperimentali 1935; TV a colori. USA 1953

4. **Elettricità:** Alessandro Volta (1745–1827) inventa la pila elettrica (1799). Lampadina elettrica: Thomas Edison, 1879

5. **Automobile:** 1880–90. 1884: prima automobile italiana a benzina. 1899: nasce la FIAT

6. **Penicillina:** scoperta nel 1928 da Fleming (Premio Nobel 1945), usata negli anni '40

7. **Cristoforo Colombo** (1451–1506), genovese: scopre l'America nel 1492

8. **Neil Armstrong**, americano: 1969, primo uomo a mettere piede sulla luna

9. **Marx:** (1818–83) filosofo (Manifesto del comunismo, 1848)

10. **Freud:** (1856–1939), inventore della psicanalisi (Interpretazione dei Sogni 1900)

11. **Computer:** primo computer 1946; personal computer: anni 80. La Rete: elaborata da Tim Berners Lee, 1980; lanciata nel 1989

12. **La stampa:** Gutemberg 1450

■4
Il primo amore

b

Dacia Maraini

Scrittrice e autrice di teatro, nata a Firenze da padre toscano e madre siciliana, ha scritto molti romanzi, tra cui *Marianna Ucria* e *Bagheria,* e testi teatrali. È stata per molti anni la compagna dello scrittore Alberto Moravia ed è un'attiva femminista.

Alberto Sordi

Famoso attore comico romano, ha iniziato a recitare alla radio ma si è affermato nel cinema, ottenendo il suo primo successo ne *I Vitelloni* di Fellini. Tra i suoi film: *Tutti a casa, La grande Guerra.*

Monica Vitti

Attrice molto nota, si è affermata nel 1960 con *L'avventura* di Antonioni e nel '62 con *L'eclisse*. È stata infatti la protagonista di tutti i film di Antonioni di quel periodo. Ha lavorato anche con Fellini in *Otto e mezzo*.

◼6
Le indagini

Studente B: Pina (l'ordine degli eventi).
Studente D: Elisa (descrizione di persone e cose).

Prima del role-play con Studente A e C, leggete il testo e sottolineate le frasi chiave.

prima parte

Era un pomeriggio di febbraio – il 24…25 febbraio dell'88. Lo ricordo con esattezza perché ero appena diventata nonna … Mi hanno invitato a fare una partita a canasta nel pomeriggio.

Era una vecchia casa nel cuore della città – una vecchia villa con un gran giardino intorno – freddissima, senza riscaldamento. Ci abitavano due vecchie signore e un figlio di una terza sorella – un uomo più vicino ai quaranta che ai trenta, che ci vedeva molto poco, portava un paio di occhiali molto spessi… Questa signorina che mi ha invitato apparteneva a una delle migliori famiglie della città.

Quel pomeriggio siamo arrivati alla casa alle quattro, come facevamo sempre quando giocavamo. Eravamo in quattro: Elisa, la padrona di casa, intorno ai 70 anni, Maria, una signora molto ricca, la mia amica Vera e io. Erano tutte più anziane di me, signore molto eleganti. La stanza era freddissima, c'era solo una stufa a gas.

Ci siamo sedute a giocare e **verso le 5 e mezzo-sei** Elisa ci ha portato il tè con le tartine su un vassoio d'argento grandissimo, lo ricordo perfettamente, con in mezzo lo stemma di famiglia, perché tutta la loro argenteria era così.

seconda parte

A un certo punto abbiamo sentito un tramestio nell'altra stanza, delle voci concitate … **All'inizio** abbiamo fatto finta di niente, per discrezione – stavamo zitti –. … Poi c'è stato un urlo, un tonfo: **a questo punto** ci siamo guardati in faccia e Elisa si è alzata e ha aperto la porta. E abbiamo visto: la vecchia signorina per terra che le usciva il sangue dal naso; il nipote senza gli occhiali che praticamente era cecato, vicino a lei; e abbiamo visto il bandito con la pistola in mano, puntata a due mani, e il fazzoletto sul viso.

Io ero **ancora** dietro il tavolo, e **la prima cosa che** mi è venuta in mente è stato sfilarmi l'anello col brillante che avevo sulla mano sinistra e farlo cadere là dove appoggiavo la mano. **Intanto** il bandito aveva radunato tutti gli altri nell'ingresso.

Io sono rimasta lì impietrita vicino al tavolo. Quello mi si è avvicinato, mi ha preso per il braccio e ha detto 'Andiamo di là', e io ho detto 'Mi sento male… il cuore …' – e puff! mi sono buttata per terra. Il bandito, che dopotutto è anche lui un uomo, a vedersi questa donna cascare per terra, se n'è andato e mi ha mollato. Io, messa lì per terra, non mi davo pace … Ho sentito l'aereo che partiva alle 7 meno dieci; ho sentito le campane del vicino convento delle suore che suonavano le sette. Faceva un freddo da morire. **A un certo momento** ho aperto un occhio, ho visto che nessuno mi vedeva, mi sono velocissimamente sfilata la collana, ho alzato il tappeto e l'ho buttata là sotto.

Espressioni utili

Sequenza:
Prima di tutto…/All'inizio…
Poi…/A un certo punto…/Allora…
In ultimo…/Alla fine…

terza parte

Intanto i due hanno preso un grande lenzuolo e l'hanno riempito – ho ancora nelle orecchie il suono di tutta quell'argenteria raccolta come se fosse latta, hai capito, tutta insieme nel grande lenzuolo… Io zitta, non ho detto neanche una parola. Ci hanno levato le cose, hanno svuotato le borse.

Dopo di che … ci hanno chiuso tutti insieme dentro il gabinetto, una specie di stanzino in fondo al corridoio. 'Chiudetevi dentro!' A questo punto abbiamo cominciato tutti a tremare – io seduta sul cesto dei panni sporchi, Vera in braccio a me, stretti come le sardine!

Dopo un quarto d'ora, mezz'ora, Elisa fa 'Ma che dite, non …'. Allora, aprendo la porta del bagno 'C'è nessuno??' Siamo usciti di lì quatti quatti, morti di paura.

Abbiamo trovato l'ira di Dio, tutte le nostre borse svuotate, s'erano presi tutti i soldi.… Io mi sono precipitata sul telefono, ho chiamato mio figlio: 'Ci hanno rapinato'.

Dopo cinque minuti c'era polizia, carabinieri, questura, mio figlio, mia figlia.… E noi che parlavamo tutti insieme perché ognuno voleva raccontare la sua versione!

Io l'unica cosa che mi ricordavo, unica e sola, erano gli occhi di quello col fazzoletto sul viso … e la testa bionda di quello che sembrava essere il capo, che aveva un caschetto di capelli biondi, sai, come quelli dei bambini…

■11
Come pensa che abbiano smesso di fumare

b

Studente B: Lei è il dottor Petrini. Legga I CONSIGLI UTILI. Dia consigli a Studente A su come smettere di fumare. Cominci con: *Se fossi in lei* **+** condizionale presente.

CONSIGLI UTILI PER CHI VUOLE SMETTERE DI FUMARE

- Prendere la decisione e stabilire il giorno in cui si vuole smettere

- Eliminare tutte le sigarette senza eccezione

- Smettere con un amico, perché in due è più facile

- Resistere alle tentazioni. Non accettare sigarette da nessuno

- Concedersi un piacere ogni tanto, come un viaggio, una buona cena al ristorante

- Non drammatizzare se non si ha successo immediatamente

- Usare le pillole speciali alla nicotina, soprattutto all'inizio

UNIT 8

■4
Parlano i single

a

Studente B: Legga bene l'intervista con Simona Ventura e risponda alle domande di Studente A.

Quando avete finito, chieda informazioni a Studente A su Luciano. Lei vuole sapere:

1 Se è mai stato sposato
2 Qual è la cosa più importante per lui
3 Come mai ha deciso di vivere da single
4 Se si può dire che i single non sanno amare
5 La sua opinione sulla solitudine
6 Rapporti con gli altri: amici, famiglia
7 Il segreto della vita da single
8 Chi cucina a casa sua
9 Di quali oggetti si circonda in casa

ritmi serrati	*fast pace*
spuntini	*snacks*

c

Luciano e Simona si incontrano a un ricevimento della RAI.

Studente B: Lei è Simona.

Faccia una conversazione con Studente A sulla vostra vita da single per scoprire somiglianze e differenze. Potete usare le domande di **a**. Da bravi colleghi, datevi del **tu**.

Simona Ventura: 'Ho deciso di vivere sola perché mi fa sentire libera'

di Elsa Vinci

ROMA – Single sinonimo di benessere, autonomia, libertà per Simona Ventura, attrice e giornalista, che in barba alle statistiche non vive in due stanze-rifugio con gatto. 'Sto benissimo da sola, la famiglia sono io. Mi sono fatta la mia casa, ho scelto i mobili e gli oggetti, ho organizzato il mio spazio e la mia esistenza.'

La giornata di una single?

Quando mi sveglio la mattina, preparo la colazione ascoltando musica. Mangio e arriva il mio segretario, comincia il lavoro e praticamente fino a sera non faccio altro. Ho ritmi serrati, interrotti da spuntini. E a sera non sono certo da sola. Esco con gli amici, vedo il mio fidanzato. Se sono stanca torno a casa e godo del mio tempo. Sono io il capofamiglia.

Si dice che la tipica single sia una donna tra i 30 e i 35 anni, che fa la giornalista e vive circondata da oggetti-ricordo. Ci si riconosce?

No. Sono giornalista ma ho sicuramente più ricordi che

oggetti. Non abito in due stanze ma in un appartamento di 120 metri quadrati. Quando ho fatto la scelta da single mi sentivo felice di decidere. Sono stati due anni molto belli.

È vero che le tasse e gli affitti sono più alti della media per un single, e che c'è discriminazione nel lavoro? E anche che è più difficile per un single ottenere la custodia di minori?

La tasse e gli affitti costano cari, ma per tutti, anche quelli sposati con figli. La discriminazione nel lavoro non mi risulta. Non poter ottenere l'affidamento di minori è la cosa più grave, perché a volte un padre o una madre sono meglio da soli che in coppia. Infine, la solitudine se non è una scelta può essere brutta.

Oggi il quindici per cento delle famiglie italiane sono mononucleari, nelle grandi città anche il 30%. Che ne pensa?

È diminuita la capacità di comunicare e tra la gente è cresciuta l'indifferenza. Ma non è che ci si ami di meno che in passato. Le donne in particolare sono più indipendenti, il matrimonio è una scelta e non un destino.

Le soluzioni

Unità 3

14 Sul Lago Dorato

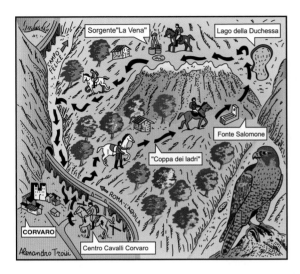

Unità 4

1 Ha indovinato?

Risposte: 1A, 2C, 3E, 4D, 5B

9 'Un originale metodo d'insegnamento: lezione d'inglese sui treni pendolari'

Unità 7

2 Il Tenente Kiss

Il testimone sostiene di aver visto la scena del delitto mentre usciva dalla vasca da bagno: ciò è impossibile, dato che il vapore dell'acqua calda avrebbe sicuramente appannato i vetri.

Unità 8

1a Dati sorprendenti

Numero di figli per donna

1965	2,67
1985	1,45
1995	1,18
2005	1,25
2010	1,33

2 Un nuovo modo di abitare

1 divano; 2 portacenere; 3 telefono; 4 valigia; 5 microonde; 6 specchio; 7 vespa

5 'Per una discarica un paese non va a votare!'

9 Furto nella Galleria Nazionale

Sin dall'inizio si era sospettato che a facilitare il lavoro dei ladri d'arte fosse stata una persona interna alla Galleria. I telefoni dei dipendenti e del personale di sorveglianza sono stati immediatamente messi sotto controllo. E subito si è individuato il complice, anzi la complice, una delle custodi, e si è così potuto risalire ai membri della banda. La custode era la moglie di uno dei rapinatori. I due quadri di Van Gogh sono stati ritrovati a Roma, il Cezanne a Torino.

Grammatica

1 Nomi *Nouns*
1.1 Genere *Gender*

Normal gender pattern:

masculine	-o	il tavolo
feminine	-a	la bambina
masculine/ feminine	-e	il cane/la stazione

Some nouns are irregular:
la mano *(f)*, la radio *(f)*
l'alibi *(m)*, la crisi *(f)*

Many nouns of Greek origin ending in -ma *are masculine.*

il cinema
il problema
il programma
il sistema
il tema
l'enigma
il dilemma

A number of nouns have both masculine and feminine forms but with different meaning:

il soffitto *ceiling*   la soffitta *loft, attic*
il partito *party*   la partita *match (sport)*
il gambo *stem*   la gamba *leg*

1.2 Plurali *Plurals*

Normal pattern:

m.	-o	>	-i	il ragazzo	> i ragazzi
f.	-a	>	-e	la casa	> le case
m/f.	-e	>	-i	il mare	> i mari
				la nazione	> le nazioni

Nouns and adjectives in -ista *can be either masculine or feminine and change accordingly in the plural:*
il pianista/la pianista   i pianisti/le pianiste

Nouns ending in -zione *or* -sione *are always feminine:*
la direzione
un'informazione
la sua passione
un'azione impulsiva

Masculine nouns in -ma *have a regular plural in* -i:
i programmi − i sistemi − i temi − problemi

with the exception of **cinema** *(inv.):*
i cinema aperti a quest'ora

Irregular Plurals

Nouns for parts of the body are often irregular in the plural:

l'osso	>	le ossa
il braccio	>	le braccia
il sopracciglio	>	le sopracciglia
il ginocchio	>	le ginocchia
l'orecchio	>	le orecchie
l'uovo	>	le uova

Other common irregular plurals:

l'uomo	>	gli uomini
il lenzuolo	>	le lenzuola

Nouns ending with an accent on the last syllable do not change in the plural:

la città	>	le città
il tabù	>	i tabù

Nouns and adjectives ending in -co, -go *(m) and* -ca, -ga *(f) change to* -chi, -che *and* -ghi, -ghe *to keep the original sound:*

il parco	>	i parchi
il lago	>	i laghi
la giacca	>	le giacche
la paga	>	le paghe

unless the stress is on the second syllable before the ending of a masculine noun or adjective:

il medico	>	i medici
un meccanico	>	due meccanici
une errore tecnico	>	degli errori tecnici

NB amico > amici is an exception.

Collective nouns such as **gente, folla, polizia** *are singular and require verb, article and adjective in the singular:*

È arrivata la polizia.
Si è radunata una piccola folla.
Se c'è troppa gente, cambiamo spiaggia.

2 Articoli *Articles*
2.1 Articolo determinativo *Definite article*

sing.m	pl.m
il bambino	**i** bambini
lo studente	**gli** studenti
lo zio	**gli** zii
lo psicologo	**gli** psicologhi
l'albero	**gli** alberi
l'italiano	**gli** italiani
sing.f	pl.f
la casa	**le** case
la canzone	**le** canzoni
l'amica	**le** amiche
l'isola	**le** isole

NB The feminine article plural cannot be apostrophied.

The masculine article plural **gli** *can be apostrophied only if followed by* **-i**:

gl'italiani e gl' inglesi

The definite article is needed:
* *with possessive adjectives:*
  la sua macchina, il tuo cane, i nostri studenti
  but not with unmodified family nouns in the singular – i.e. when speaking of one person in the immediate family:
  i.e. mio padre, sua madre, tuo figlio *but* il mio fratellino, i tuoi genitori, le sue cugine
* *with* **signore, signora, signorina** (*also* **avvocato, dottore**) *when talking about others:*
  È arrivato il signor Rossi.
  Vorrei vedere la dottoressa Bertelli.

  but **not** *in direct speech:*
  Come va, signor Rossi?
* *with names of countries:*
  l'Italia, la Francia, gli Stati Uniti

  but not if there is a preposition:
  Sono stato in Germania il mese scorso.
* *with general concepts:*
  La felicità è importante.
  Il vino fa bene.

2.2 Articolo indeterminativo *Indefinite article*

m	**un, uno**	un libro, un albergo, uno studente
f	**una, un'**	una studentessa, un'amica, un'isola

2.3 Partitivo *Partitive (some)*

'Some' is rendered in Italian by the following:
* *the partitive article* **del, dello, dell', della, dei, degli, delle** + *noun:*
  Vorrei del prosciutto di Parma e del parmigiano.
  Non è una grande mostra, ma ci sono dei bei quadri.

- *the indefinite adjective* **qualche,** *always followed by a singular noun:*
  Ho bisogno di qualche informazione.
  Conosce molti attori e qualche scrittore.

- **un po'di ...** *(a bit of):*
  Ho un po' di mal di testa.
  Compra anche un po' di pane, per favore.

- *the indefinite adjective* **alcuni, alcune:**
  Ci sono alcune canzoni napoletane veramente belle.

3   Aggettivi *Adjectives*

Adjectives agree with the gender of the noun, not with its ending. Care should be taken when noun and adjective have different endings:
   una donna intelligente
   >   due donn**e** intelligent**i**
   una stazione spaziosa
   >   due stazion**i** spazios**e**

Bello, Buono

The endings of **bel, bello, bella** *and* **quel, quello, quella** *are the same as the definite articles (singular and plural):*

   un bel giardino, un bell'albergo, una bella casa, ecc.

Similarly, the endings of **buon, buono, buona, buon'** *(singular) are the same as the indefinite article:*

   un buon amico, una buon'amica,
   un buono spumante, ecc.

Note: **bello** *in Italian often translates as* **good** *in English:*

un bel film	*a good film*
È stato bello	*It was good meeting*
conoscerti	*you.*

Bello *and* **buono** *usually go before the noun they refer to. When placed after the noun, the adjective receives more emphasis:*

una bella casa	*a nice house*
una casa bella	*a beautiful house*
un buon vino	*a good wine*
un vino buono	*a really good wine*

Grande

Grande *varies in meaning according to its position: it tends to be metaphorical before the noun and realistic after the noun:*

un grande albergo	*a luzury hotel*
un albergo grande	*a large hotel*
una grande macchina	*a great car*
una macchina grande	*a large car*

3.1 Aggettivi possessivi *Possessive adjectives*

Like all other adjectives, possessive adjectives agree with the noun they refer to. They are preceded by the definite article.

maschile

il **mio** libro	i **miei** nonni
il **tuo** indirizzo	i **tuoi** amici
il **suo** cane	i **suoi** fiori
il **nostro** albergo	i **nostri** viaggi
il **vostro** gatto	i **vostri** interessi
il **loro** giardino	i **loro** amici

femminile

la **mia** penna	le **mie** zie
la **tua** sigaretta	le **tue** amiche
la **sua** borsa	le **sue** scarpe
la **nostra** vacanza	le **nostre** vacanze
la **vostra** macchina	le **vostre** cartoline
la **loro** valigia	le **loro** fotografie

The article is **not** *used when talking about members of the immediate family in the singular:*

   mia madre, mio padre, mio zio
   i miei fratelli, le sue zie, i nostri nonni

Note that with parts of the body, clothing and other obvious items of personal property, the possessive is **not** *used, or is replaced by a reflexive pronoun:*

   Prendo il cappotto e esco.
   I'll get my coat and go out.

   Si soffia il naso in continuazione.
   He blows his nose all the time.

3.2 Dimostrativi
Demonstrative adjectives and pronouns

Questo and quello

Questo and *quello* always go before the noun:
   questo libro, questi amici, ecc.

*NB The endings of **quel, quello** are the same as the definite article:*

Sing.	Plural
quel libro	**quei** libri
quell'uomo **quello** studente	**quegli** uomini, **quegli** studenti
quella donna **quell'**amica	**quelle** donne, **quelle** amiche

*Note that when used as a pronoun **quello** has normal* **-a/-o/-i/-e** *endings:*

   Che bei maglioni! Prendo quello.
   What nice sweaters! I'll have that one.

   Io preferisco quelli più a destra.
   I prefer those further to the right.

3.3 Comparativi *Comparatives*

più **meno**	+	*adjective* *noun*	+	**di** *(than)*
come / quanto *(as…as)*				

   Fabio è meno sportivo **di** suo fratello.
   A carte, sono più bravi **di** voi.
   La FIAT produce più macchine **della** Ferrari.
   Il vostro balcone è grande **come** la nostra cucina.

After a verb:

   Quando è in vacanza dorme **di più**.
   Se sa che lo aiuti, lavora **di meno**.
   Dei due, è quello che studia **di più**.

Più … che / meno … che

*When the comparison involves two adjectives, nouns, pronouns, prepositions, verbs etc. – i.e. the same parts of speech – **che** is used instead of **di**:*

   Queste scarpe sono più sportive **che** eleganti
   (two adjectives)
   Ha più soldi **che** amici.
   (two nouns)
   È più facile ascoltare **che** parlare.
   (two verbs)
   Pensa più a sé **che** agli altri.
   (two prepositions)
   Meglio tardi **che** mai!
   (two adverbs)

3.4 Superlativi *Superlatives*

- Relativo

article + noun	**più** **meno**	*adjective*	**di/del** **/dell'**…ecc

   il lavoro più faticoso **di** tutti
   the hardest job of all
   la ragazza più simpatica **del** mondo
   the nicest girl in the world

*Note: when followed by a phrase, the relative superlative requires **che** + the subjunctive:*

   È il film più interessante **che abbia visto** quest'anno.

- Assoluto

adjective without ending + **issimo/-issima**

   È un'attrice bravissima, ha fatto dei film bellissimi.

molto / davvero / assolutamente *(inv)* + *adjective*

   È molto gentile.
   Ha un carattere davvero eccezionale.

Comparativi e Superlativi irregolari

Aggettivo	Comparativo	Superlativo relativo	Superlativo Assoluto
buono/a	migliore	il / la migliore	ottimo/a (buonissimo/a)
cattivo/a	peggiore	il / la peggiore	pessimo/a
grande	maggiore	il / la maggiore	grandissimo/a
piccolo/a	minore	il / la minore	piccolissimo/a

È un'ottima birra, è la migliore sul mercato ed
è migliore di quella che ho bevuto ieri.

4 Numerali *Numbers*
4.1 Cardinali *Cardinals*

1	uno	11	undici	21	ventuno
2	due	12	dodici	22	ventidue
3	tre	13	tredici	30	trenta
4	quattro	14	quattordici	40	quaranta
5	cinque	15	quindici	50	cinquanta
6	sei	16	sedici	60	sessanta
7	sette	17	diciassette	70	settanta
8	otto	18	diciotto	80	ottanta
9	nove	19	diciannove	90	novanta
10	dieci	20	venti	100	cento

duecento, trecento, quattrocento, ecc

1000 mille
duemila, tremila, diecimila, ecc

Cento *and* **mille** *are invariable:*
cento euro
mille sterline

- *To form thousands, add* **mila** *(inv.) to the number:*
  duecentocinquantamila   250.000

Note that **cento** *can be dropped in conversation
when talking about figures above one thousand.*

Col suo negozio guadagna almeno
6000 euro al mese.
*With his shop he makes at least
6000 euros a month.*
Un insegnante invece ne prende sì e
no mille e tre.
A teacher on the other hand earns barely 1.300.

- **milione** *(one million) is a noun, and is followed
  by* **di**:
  cinque milioni di abitanti   *five million inhabitants*
  dieci milioni trecentomila euro   € 10.300.000

- *To express hundreds and thousands:*

centinaia	**di**	+	*noun*
migliaia			

C'erano migliaia di persone.
There were thousands of people.
Arrivavano a centinaia/a migliaia.
They arrived by the hundreds/thousands.

Centinaia *and* **migliaia** *are irregular plurals of* **un
centinaio / un migliaio.**

4.2 Ordinali *Ordinals*

*These are adjectives and agree with the noun they
refer to:*

primo/a	sesto/a
secondo/a	settimo/a
terzo/a	ottavo/a
quarto/a	nono/a
quinto/a	decimo/a

*Ordinals from 10th to 20th are formed by dropping
the final vowel of the number and adding* **-esimo/a**:
undicesimo/a   dodicesimo/a   ventunesimo/a

4.3 Date *Dates*

Cardinal numbers with the article are used for dates:

il / l' + giorno + mese + anno

il due agosto 2005
l'otto febbraio 1999

except for the first day of the month:
il primo aprile

Note that no capitals are needed.

Centuries from the 13th to the 20th are normally indicated with the hundreds only:

il Duecento	the 13th century
il Trecento	the 14th century
il Quattrocento	the 15th century
il Cinquecento	the 16th century
il Seicento	the 17th century
il Settecento	the 18th century
l'Ottocento	the 19th century
il Novecento	the 20th century
il Duemila	the 21st century

La Fiat è nata alla fine dell'ottocento.

4.4 Percentuali *Percentages*

*In percentages the masculine article **il / l' / lo** is required before the number. Notice the comma in decimals (,):*

il tre per cento:	3%
l'otto per cento:	8%
l'uno *virgola* 5 per cento:	1,5%
lo zero *virgola* 5 per cento:	0,5%

To indicate the value of the percentage,
del, dello, dell' *is used:*

uno sconto del tre per cento   *a 3% discount*
il prezzo del vino è sceso dell'uno per cento
the price of wine fell by 1%
c'è stato un aumento dello 0,8 per cento
there has been a 0.8% increase

5 Avverbi *Adverbs*

*Adverbs are invariable. They generally go **before** an adjective but **after** a verb.*

Modo *Manner*

feminine form of the adjective + **-mente**

rapido, rapida	>	rapidamente
allegro, allegra	>	allegramente
veloce	>	velocemente

*Adjectives ending in **-le** or **-re** lose the final **-e** before **-mente**:*

normale	>	normalmente
facile	>	facilmente
regolare	>	regolarmente

Irregular:

bene	*well*
male	*badly*
meglio	*better*
peggio	*worse*

Quantità *Degree*

poco	*a little*
abbastanza	*quite*
piuttosto	*rather*
molto	*very*
troppo	*too/too much*
moltissimo	*very much (after a verb)*

Flavia è molto estroversa *(before adjective)* e parla moltissimo al telefono *(after verb)*.

Tempo *Time*

allora	*then*
sempre	*always, all the time*
(non) mai	*never*
qualche volta	*some time*
spesso	*often*
di solito	*usually*
ogni tanto	*every so often*
ancora	*again*
non … ancora	*yet (in a negative/interrogative sentence)*

In compound tenses adverbs of time normally go between the auxiliary and the past participle.

Non sono **mai** stato a Praga.
Ho **sempre** dormito pochissimo.

6 Congiunzioni
Conjunctions

- **e, o, né...né** (neither...or), **ma, però** (but), **tuttavia** (nevertheless)

- **anche** (also, too, as well) always goes before the word it refers to:

Vieni anche tu?
Are you coming as well?

L'appartamento è bello e anche comodo.
It is a pretty and also a comfortable flat.

Note: **anche** <u>cannot</u> be used by itself at the beginning of a sentence; use **inoltre** instead:

Inoltre, costa poco.   *Also, it's cheap.*

- The following conjunctions require the subjunctive in the secondary clause:

sebbene, benché (although)
prima che, senza che (before, without)
a meno che (unless)

Benché ci sia vento, non fa freddo.
Although it's windy, it's not cold.

Bisogna fare qualcosa prima che sia troppo tardi.
We must do something before it's too late.

Non partiamo a meno che non venga anche tu.
We won't go unless you come as well.

7 Preposizioni
Prepositions

The most common prepositions are:

di	of, by (authorship), from (town)
a	at, to
da	from, by, since
in	in, at
con	with
su	on
per	for
tra/fra	between, among

Uses

- **di**

Belonging, origin, quantity, material, authorship:
il cane di Mario, un signore di Parigi, un chilo di pane, un anello d'oro, un film di Visconti
After some adjectives:

coperto di polvere	*covered with dust*
soddisfatto del suo lavoro	*satisfied with this work*

- **a**

Indirect object:
A Tina piace il tè.
Dai il libro a Sandro.
Location:
(town, place in town)
a Firenze, a Montevarchi, a Piazza Bologna
(place)
a casa, a scuola, al lavoro, alla stazione
Direction:
vada a destra, poi a sinistra
il treno che va a Napoli
andiamo al cinema/al mare

Note: **andare** + **a** + *infinitive:*
Andiamo a fare un giro in città.
Time:
Ci vediamo alle due e mezza / a mezzanotte in punto.
Pasqua quest' anno è a Aprile / in Aprile
A Ferragosto andiamo al mare.

Style, ingredients or method:
  spaghetti alla carbonara, risotto ai funghi, pesce alla griglia, divorzio all'italiana

• da

Starting point (place, time):
  L'aereo parte da Torino alle 6.
  L'orario è dalle 5 alle 7.

Place (at somebody's):
  Vieni da noi stasera?
  Ristorante 'Da Mario'

Use:
  campo da tennis
  vestiti da uomo
  roba da matti!

Something to be done: **da + *infinito***
  Ci sono molte cose da fare, non c'è tempo da perdere.
  There are many things to do, there is no time to waste.

Time: since, as a …:
  da giovane, da bambino, da grande
  as a young man, as a child, as an adult

  fin da ragazzo   fin dall'infanzia
  since I was a boy   *since childhood*

Time since: **Da quanto tempo?** *if the action is still going on:*

presente (o imperfetto) + da + tempo

  Studia il francese da molto tempo ma non lo parla bene.
  He has been studying French for a long time but does not speak it well.

  Era a Londra da una settimana quando ha conosciuto suo marito.
  She had been in London for a week when she met her husband.

  (see also **per***)*

• in

Location/direction (with names of regions and countries):
  Vai in Italia quest'estate?
  Andiamo in Umbria, a Spoleto.

a	+ città/paese/villaggio
in	+ regione/nazione/continente

Means of transport:
  Preferisco viaggiare in treno.

• su

Location: on, looking out on:
  il lume sul tavolo, una villa sul Po

percentages: out of:
  Una persona su dieci ha risposto affermativamente.

• per

For: È un regalo per voi.

Time: **Per quanto tempo?** *if the action is finished:*

passato prossimo* + per + *tempo:

  Jean ha lavorato a Bologna per un anno.
  Jean has worked in Bologna for a year.

  La causa è andata avanti per quattro mesi.
  The lawsuit went on for four months.

In the structure: **per + infinito** *(in order to …)*
  Si sono visti per parlare di affari.
  They met to talk business.

• tra / fra

Place (between):
  tra Montevarchi e Firenze
  fra Piazza Colonna e il Foro

Time (in, within):
  Ci vediamo tra un'ora.
  See you in an hour.

  Sarà pronto tra un anno.
  It will be ready in a year.

Altre preposizioni

davanti a, di fronte a, dietro a

davanti al cinema, di fronte alla pizzeria,
dietro allo stadio

*outside the cinema, opposite the pizzeria, behind
the stadium*

nei pressi di, nei dintorni di

nei pressi di Nizza, nei dintorni di Milano

in the Nizza area, in the outskirts of Milan

Indicatori di tempo

prima di *(if the subject of the two clauses is the same):*

> **prima di** + *infinito*

Prima di uscire, chiudi le finestre.
Close the windows before going out.
Facciamo due passi prima di andare al cinema.
Let's walk a bit before going to the cinema.

dopo avere/essere… *(if the subject of the two
clauses is the same):*

> **dopo** + *infinito passato*

Dopo essere uscite dallo stanzino, abbiamo
telefonato alla polizia.
*After coming out of the store room, we phoned the
police.*

Note: if the subject of the two clauses is different:

> **prima che** + *subjunctive* (see page 202).
> **dopo che** + *indicative*

Bisogna parlare con Miriam prima che parta.
We must talk to Miriam before she leaves.

Mi ha telefonato dopo che tutti se ne erano andati.
She phoned me after everybody had gone.

7.1 Preposizioni articolate

Di, a, da, in, su *combine with the definite article as
follows:*

Singolare		
di + il = del	a + il = al	da + il = dal
di + lo = dello	a + lo = allo	da + lo = dallo
di + la = della	a + la = alla	da + la = dalla
di + l' = dell'	a + l' = all'	da + l' = dall'
in + il = nel	su + il = sul	
in + lo = nello	su + lo = sullo	
in + la = nella	su + la = sulla	
in + l' = nell'	su + l' = sull'	

Plurale		
di + i = dei	a + i = ai	da + i = dai
di + gli = degli	a + gli = agli	da + gli = dagli
di + le = delle	a + le = alle	da + le = dalle
in + i = nei	su + i = sui	
in + gli = negli	su + gli = sugli	
in + le = nelle	su + le = sulle	

8 Pronomi personali
Personal pronouns

8.1 Soggetto *Subject*

> **io, tu, lei/lui, noi, voi, loro**

*Because the verb ending indicates who does the
action, subject pronouns in Italian are only used:*

* *if the subject is different from the last sentence:*
  È un uomo più generoso di quanto voi
  pensiate.
  *He is a more generous man than you might
  think.*

- *for emphasis:*
  Tu vai a Milano e noi andiamo a Roma.
  You are going to Milan, we are going to Rome.

Subject pronouns always go before the verb, except for emphasis:

Se te lo dice lui…!   *If **he** tells you…!*
Puoi provare tu?   *Can **you** try?*

Forms of address

- **Tu** *(informal): verb in the second person singular. Used to address member of the family, a friend or a contemporary:*

  Ciao Mario, come stai? Ti senti meglio oggi?
  Hi Mario, how are you? Are you feeling better today?

  Sbrigati, farai tardi.
  Hurry up, you will be late.

- **Lei** *(formal): verb in the third person singular. Used to address someone with whom you are not on familiar terms:*

  Lei ha visto questo film? Che ne pensa?
  Have you seen this film? What do you think of it?

- **Signore, Signora, Signorina**

  *No article is required when speaking **to** the person:*

    Buongiorno, Signora Parenti.
    Dica pure, Signor Alessi.

  *But the article must be used when talking **about** the person:*

    Il signor Benassi arriva alle tre.

  *Note that **signore** is abbreviated to **signor** before a surname.*

8.2 Oggetto diretto
Direct Object

mi	**Mi** aspetti?
ti	**Ti** chiamo alle due.
lo, la	Il giornale **lo** compro io.
	La coca cola, **la** prendi tu?
ci	**Ci** aspetta da un'ora.
vi	**Vi** invito a cena.
li, le	**Li** vedi stasera, Pino e Nico?
	Maia e Sara, **le** conosci?

Note: **Reflexive pronouns** *are the same as direct object pronouns, except for the third person **si** (singular and plural). See reflexive verbs (page 194).*
    Mario si lava e si veste in fretta.
    Quei due si vogliono bene

See pag. 196 for agreement with past participle.

8.3 Oggetto indiretto
Indirect Object

Indirect object pronouns are the same as the direct object pronouns, except in the third person:

gli: a lui, a loro *(to him, to them)*	
le: a lei *(to her)*	

  Adesso gli scrivo   *I'll write to him now.*
  Le telefono.   *I'll phone her.*

*In spoken Italian **gli** (to them) has replaced the more formal **loro** (which goes after the verb).*

mi	Quando **mi** presti quel libro?
ti	**Ti** telefono stasera.
gli	Che **gli** diciamo?
le	Che cosa **le** regaliamo?
ci	**Ci** scrivono spesso.
vi	**Vi** mandiamo una cartolina dal mare.
gli	**Gli** parlerò domani.
	Parlerò **loro** domani.

8.4 Pronomi doppi
Combined pronouns

Indirect object pronouns combine with the direct object
lo, la, li, le:

masc.	fem.
me lo	me la
me li	me le
te lo	te la
te li	te le
glielo, glieli	gliela, gliele
ce lo, ce li	ce la, ce le
ve lo, ve li	ve la, ve le
glielo, glieli	gliela, gliele

Te li porto domani (i dischi).
Te le dò subito (le cassette).

*Note: the third-person combined pronouns are
increasingly used for both singular and plural:*

glielo	**gliela**	*it to him/her/them/you (**lei**)*
glieli	**gliele**	*them to him/her/them/you (**lei**)*

Gliela mando subito (la lettera) ecc.
Glieli ho mandati ieri (i pacchi) ecc.

8.5 Position

*Normally personal pronouns go immediately before
the verb. But with the **imperative, infinitive** and
gerund, the pronoun – and the double pronoun –
attaches itself to the verb:*

Dimmi.	*Tell me.*
Devo parlarti.	*I must talk to you.*
Vediamoci alle 8.	*Let's meet at 8.*
Conoscendola, so che andrà benissimo.	
Knowing her, I know she will do very well.	
Dammela.	*Give it to me.*
Faccelo sapere.	*Let us know! (**tu**)*

8.6 Pronomi tonici
Stressed pronouns

After a preposition:

me	dallo a **me**
te	vengo con **te**
sé	va da **sé**
lui, lei	non solo per **lui**, ma anche per **lei**
noi	resti da **noi** stasera?
voi	dipende da **voi**
loro	per **loro** non è importante

8.7 Altri pronomi

ci *(there, to it)*

C'è un bel film.
They are showing a good film. (there is)

Tu ci vai?
Are you going? (there)

Adesso non ci pensare.
Don't think about it for the moment. (literally: to it)

Mi dispiace, non so che farci.
I'm sorry, I don't know what to do about it.

ne *(of it, of them)*

- *Quantity*
  With expressions of quantity, **ne** <u>cannot</u> be omitted:

  Quanti figli hai? Ne ho tre.
  How many children have you got? I have three.

  Quanto pane vuole? Ne vorrei un chilo.
  How much bread would you like? I'd like a kilo.

- *Of / about it, him / her, them*
  Che ne pensate? *What do you think of it?*

Non ne parliamo più.
Let's not talk about it any more.
Me ne dimentico sempre.
I always forget it.
Paola? Non ne so nulla da un anno.
Paola? I haven't heard from her for a year.

- **From here, from there:**
Adesso me ne vado – su, andiamocene.
I'm off. Come on, let's go.

9 Pronomi relativi
Relative pronouns

che	who, whom, that, which
cui	whom, which (after a preposition)
il quale, la quale, i quali, le quali	who, whom

Note that **che** can <u>never</u> be omitted in a sentence.

Il quale, la quale, etc. can only refer to people. It is used much less than **che, cui** and mostly to avoid ambiguities of meaning. It combines with the prepositions in the usual way:

l'uomo di cui ti ho parlato
l'uomo del quale ti ho parlato
the man I talked to you about

le persone su cui contiamo
le persone sulle quali contiamo
the people we count on

10 Aggettivi e pronomi indefiniti
Indefinite adjectives and pronouns

Alcuni, alcune – *adj. (some) see Partitive (p. 183).*

Ogni – *adj., inv. (each, every)*

ogni giorno, ogni due ore
each day, every two hours

Qualche – *adj., inv. (some/any)* – is always singular: therefore noun, adjective and verb will be in the singular:

Hai letto qualche bel libro ultimamente?
Read any good books lately?

C'è stato qualche incidente sull'autostrada.
There have been some accidents on the motorway.

Qualcuno – *pronoun, inv., also interrogative (somebody, someone – anybody, anyone):*

Ha telefonato qualcuno che non conosco.
Somebody I don't know phoned.

C'è qualcuno?   *Anybody at home?*

Qualcosa – *pronoun, inv., also interrogative (something, anything):*

Se hai qualcosa da dire, parla adesso.
Speak now if you have something to say.

Posso fare qualcosa per te?
Can I do anything for you?

Note the structure:

qualcosa / niente + **di** + *adjective*

È successo qualcosa di incredibile.
Something incredible has happened.

C'è qualcosa di nuovo? *Anything new?*

Qui non abbiamo niente di interessante.
We have nothing interesting here.

Qualsiasi – *adj. (any) can go either before or after the noun:*

Qualsiasi libro va bene.
Any book will do.

Dammi un libro qualsiasi.
Give me any book (whatsoever).

10.1 Negativi *Negatives*

There are usually two negative words in a negative sentence:

Non c'è nessuno qui.	*There is nobody here.*
Non si vede niente.	*One can't see anything.*

unless the sentence begins with a negative pronoun/adjective:

Niente lo interessa.   *Nothing interests him.*
Ho telefonato ma nessuno ha risposto.
I phoned but nobody answered.

Nessuno *and* **Niente** *are also used in questions (anyone, anything):*

C'è nessuno?   *Anybody in?*
C'è niente da mangiare?   *Is there anthing to eat?*

10.2 Interrogativi *Questions*

Question words:

Chi?	*Who?*
Che cosa?	*What?*
Che?	*Which?*
Quando?	*When?*
Dove?	*Where?*
Come?	*How?*
Perché?	*Why?*
Quanto? Quanti?	*How much? How many?*
Quale? Quali?	*Which? Which ones?*

10.3 Esclamazioni *Exclamations*

Che, come *and* **quanto** *are used for emphasis in exclamations:*

che + *adj/noun*

Che bella serata!	*What a lovely evening!*
Che noia!	*How boring!*

quanto/a + *noun*

Quanta gente!	*What a lot of people!*
Quanti problemi!	*What a lot of problems!*

come/quanto + *verb*

Come balli bene!	*How well you dance!*

Quanto ho imparato da te!
I have learnt so much from you!

11 Verbi *Verbs*

See regular and irregular verb tables, pp. 209–213.

11.1 Presente indicativo *Present indicative*

Verbi regolari   *Regular verbs*

-ARE	-ERE	-IRE	-IRE
parlare	**temere**	**dormire**	**finire***
parlo	temo	dormo	finisco
parli	temi	dormi	finisci
parla	teme	dorme	finisce
parliamo	temiamo	dormiamo	finiamo
parlate	temete	dormite	finite
parlano	temono	dormono	finiscono

Other common **-isco** *verbs:*

capire, pulire, preferire, impedire *and all verbs ending in* **-finire** *and* **-ferire (definire, riferire,** *etc.).*

Presente dei verbi irregolari in '-are':

andare	dare	fare	stare
vado	do	faccio	sto
vai	dai	fai	stai
va	dà	fa	sta
andiamo	diamo	facciamo	stiamo
andate	date	fate	state
vanno	danno	fanno	stanno

For other irregular verb patterns: see pp. 196, 197, 198, 200, 201, 202.

Uso del presente indicativo

- *To indicate what happens all the time or at the present moment:*

  Paolo lavora molto.
  La fabbrica produce stoffe.
  Che fa Angela? Legge il giornale e prende un caffè.

- *For an action in the near future:*

  Domenica andiamo a sciare.
  We are going skiing on Sunday.

  Che fai quest'estate? Torni in Italia?
  What will you be doing this summer?
  Will you be going back to Italy?

- *To talk about a story, a book or a film:*

  Nel film, una giovane coppia si stabilisce a Torino.
  In the film, a young couple settle in Turin.

  Alla fine del libro Pinocchio diventa un bambino vero.
  At the end of the book Pinocchio becomes a real child.

- *To make a narrative more vivid (presente storico):*

  A questo punto i ladri scappano e arriva la polizia. Io mi precipito al telefono ...
  At this point the thieves flee and the police arrive.
  I rush to the phone ...

11.2 Verbi riflessivi
Reflexive verbs

*Reflexive verbs are recognised by **-si** at the end of the infinitive. They are widely used in Italian. Many English intransitive verbs have their Italian equivalent in a reflexive:*

Ti svegli presto?	*Do you get up early?*
Si è spenta la luce.	*The light went off.*
Mi sono alzato presto.	*I got up early.*

Practically any transitive verb can be made 'reflexive' in Italian, thus allowing an action to be personalised without resorting to possessives:

Si mette il cappotto.
She puts her coat on.

Lavatevi i denti, bambini.
Clean your teeth, children.

Presente dei riflessivi *Present Tense Reflexive verbs*

	-ARSI	-ERSI	-IRSI
	annoiarsi	**sedersi**	**divertirsi**
(io)	**mi** annoio	**mi** siedo	**mi** diverto
(tu)	**ti** annoi	**ti** siedi	**ti** diverti
(lui, lei)	**si** annoia	**si** siede	**si** diverte
(noi)	**ci** annoiamo	**ci** sediamo	**ci** divertiamo
(voi)	**vi** annoiate	**vi** sedete	**vi** divertite
(loro)	**si** annoiano	**si** siedono	**si** divertono

*In compound tenses, reflexive verbs take the auxiliary verb **essere**, therefore the past participle does agree:*

I ragazzi si sono molto divertiti al mare.
The kids had a lot of fun at the seaside.

Ieri sera io mi sono annoiato a morte.
I got bored to death last night.

Si è comprata un bel paio di scarpe.
She bought herself a nice pair of shoes.

11.3 Passato prossimo
Perfect tense

The **passato prossimo** is the main tense used in Italian to convey an action completed in the past.

(The only other tense for completed actions in the past is the **passato remoto** (see page 198) which is mostly used in novels or when referring to historical events).

The **passato prossimo** is formed by the auxiliary verb **essere** o **avere** and the past participle.

avere + *past. part.*	essere + *past. part.*
ho mangiato	sono andato/a
hai mangiato	sei andato/a
ha mangiato	è andato/a
abbiamo mangiato	siamo andati/e
avete mangiato	siete andati/e
hanno mangiato	sono andati/e

Ausiliari: essere o avere *Auxiliaries*

Verbs of motion and change, whether real or metaphoric, take **essere,** as do all reflexive verbs.

All other verbs take **avere.**

Agreement

- When using **essere,** the ending of the past participle must agree in gender (masculine/feminine) and number (singular/plural) with the subject:

Siamo arrivati ieri sera.	We arrived last night.
Ti sei divertito?	Did you enjoy yourself?
Come sei cambiata!	Haven't you changed!
Il prezzo delle case è salito.	The price of homes has gone up.

Exceptions: **viaggiare** and **camminare** take **avere.**

- When using **avere,** the ending of the past participle agrees with the preceding 3rd person direct object pronouns, **lo, la, li, le:**

Quella telefonat**a,** l'hai già fatt**a?**
That phone call, have you made it?

Ho preso i giorna**li** ma non **li** ho ancora lett**i.**
I got the papers but have not read them yet.

Anna e Luisa: **le** hai vist**e?**
Anna and Luisa: have you seen them?

Participio passato *Past participle*

Regular past participle endings:

-ARE	-ERE	-IRE
-ato	**-uto**	**-ito**
am**ato**	tem**uto**	dorm**ito**
(amare)	(temere)	(dormire)

Participio passato irregolare

Common irregular past participles are best remembered when grouped by pattern:

fatto	detto	letto	scritto
(fare)	(dire)	(leggere)	(scrivere)
preso	**riso**	**messo**	**successo**
(prendere)	(ridere)	(mettere)	(succedere)
visto	**risposto**	**nascosto**	**nato**
(vedere)	(rispondere)	(nascondere)	(nascere)
aperto	**coperto**	**sofferto**	**morto**
(aprire)	(coprire)	(soffrire)	(morire)

For a list, see page 213.

11.4 Imperfetto *Imperfect*

The imperfect is regular with very few exceptions.

-ARE	-ERE	-IRE
tornare	**vedere**	**partire**
tornavo	vedevo	partivo
tornavi	vedevi	partivi
tornava	vedeva	partiva
tornavamo	vedevamo	partivamo
tornavate	vedevate	partivate
tornavano	vedevano	partivano

Imperfetto irregolare: essere

ero	eravamo
eri	eravate
era	erano

Also: **dicevo** (dire) **facevo** (fare).

Uses

The imperfect is used:

- to describe people and objects in the past (the way things were):

  Da piccola aveva i capelli biondi.
  Era un uomo coraggioso.

- to describe situations and states of mind in the past (the way things were):

  La città era deserta. Non si vedevano macchine.
  Si sentiva male e non voleva vedere nessuno.

- to describe habits and repeated actions in the past (what used to happen):

  Andavamo sempre al mare d'estate.
  Correva alla porta ogni volta che suonava il campanello.

11.5 Uso del passato *Use of the past tenses*

*The perfect (**passato prossimo**) represents completed actions. The imperfect (**imperfetto**) describes situations and habits in the past:*

Edison ha inventato la lampadina elettrica.
Edison invented the electric bulb.

Prima, si usavano le candele.
Before, candles were used.

*Both forms of the past can be found in the same sentence, with one giving the setting or scenario (**imperfetto**) and the other the main action (**passato prossimo**):*

Stavo facendo la doccia quando ho sentito un urlo.
I was having a shower when I heard a scream.

Dov'eri quando è arrivato Armando?
Where were you when Amando arrived?

Ci siamo incontrati in ufficio perché dovevamo finire un lavoro.
We met in the office because we had work to finish.

11.6 Trapassato prossimo *Pluperfect*

The pluperfect is used for an action preceding the main action in the past.

> *imperfetto di* **essere o avere** + *participio passato*

Mi ero appena seduta al tavolo quando hai telefonato.
I had just sat down at the table when you phoned.

Non avevamo mai visto un'eclisse, quindi eravamo emozionati.
We had never seen an eclipse before, so we were very excited.

11.7 Passato remoto
Past historic

You will need to be able to recognise the **passato remoto** *when you start reading Italian novels, since stories have traditionally been written in this tense. Like the* **passato prossimo,** *the* **passato remoto** *indicates finished actions in the past and is therefore a main tool for narrative. However, contemporary novels increasingly tend to use the* **passato prossimo** *or even the present tense.*

In spoken Italian, although still in use in dialects of the South, the **passato remoto** *is only used when referring to distant personal or historical events.*

-ARE	-ERE	-IRE
parlare	**vendere**	**finire**
parlai	vendei/-etti	finii
parlasti	vendesti	finisti
parlò	vendette	finì
parlammo	vendemmo	finimmo
parlaste	vendeste	finiste
parlarono	vendettero	finirono

Note that most **irregular verbs** *have irregular* **passato remoto.** *Here are some common patterns in the 3rd person:*

> **disse** (dire), **visse** (vivere), **scrisse** (scrivere)
> **prese** (prendere), **comprese** (comprendere),
>   **rise** (ridere)
> **colse** (cogliere), **pianse** (piangere),
>   **dipinse** (dipingere)
> **diede** (dare), **fece** (fare), **stette** (stare)

11.8 Futuro *Future*

The future is formed from the infinitive without the **-e.**

Note: **-are** *verbs change their* **-a** *into* **-e:**

cantare	>	cant**erò**
scrivere	>	scriv**erò**
partire	>	part**irò**

-ARE	-ERE	-IRE
amare	**leggere**	**partire**
amerò	leggerò	partirò
amerai	leggerai	partirai
amerà	leggerà	partirà
ameremo	leggeremo	partiremo
amerete	leggerete	partirete
ameranno	leggeranno	partiranno

	essere	avere
(io)	sarò	avrò
(tu)	sarai	avrai
(lui/lei)	sarà	avrà
(noi)	saremo	avremo
(voi)	sarete	avrete
(loro)	saranno	avranno

Futuro irregolare

Common patterns:

> venire, tenere, rimanere, bere:
> verrò, terrò, rimarrò, berrò (**double**)

> avere, andare, cadere, potere, sapere:
> avrò, andrò, cadrò saprò (**contraction**)

Uses

The future is used:

* *to announce events, make forecasts and promises:*

> Pioverà stanotte.　　*It will rain tonight.*
> Te lo farò sapere.　　*I'll let you know.*

- *to indicate probability, also in the past (***futuro anteriore***)*:

Saranno le nove.
It must be nine o'clock.

Starà guardando la TV.
He is probably watching TV.

Sarà andata al cinema.
She has probably gone to the cinema.

In linked sentences, the double future is used:

Chi vivrà, vedrà.
Whoever lives will see it.

Se indovinerai, avrai un premio.
You'll get a prize if you guess.

Impazzirà di gioia appena lo saprà.
She will go crazy with joy as soon as she knows.

NB. Instead of the future tense, the present is normally used for actions in the immediate future:

Parto domani. Torno giovedì.
I am leaving tomorrow and coming back on Thursday.

Also for an imminent action:

> **stare per** + *infinito*

L'eclisse sta per cominciare.
The eclipse is just about to start.

Stanno per comprarsi una casa nuova.
They are about to buy a new house.

Futuro anteriore *Future perfect*

> *futuro di* **essere/avere** + *participio passato*

Sarò contento solo quando saremo arrivati.
I'll be happy only when we have arrived.

Appena avrò finito ti inviterò a cena.
I'll invite you to dinner as soon as I have finished.

Also to express probability in the past:

Come avrà fatto?
How did he manage, I wonder?

Avrà telefonato mentre eravamo fuori.
She might have phoned when we were out.

11.9 Condizionale *Conditional*

Like the future, the conditional is formed from the infinitive without the final **-e***. Also like the future, verbs in* **-are** *change their* **-a** *into* **-e** (**cantare** > **canterei**)*. The typical sound of the conditional is* **-rei/-resti/ -rebbe:**

-ARE	-ERE	-IRE
ballare	**scrivere**	**dormire**
ball**erei**	scriv**erei**	dorm**irei**
ball**eresti**	scriv**eresti**	dorm**iresti**
ball**erebbe**	scriv**erebbe**	dorm**irebbe**
ball**eremmo**	scriv**eremmo**	dorm**iremmo**
ball**ereste**	scriv**ereste**	dorm**ireste**
ball**erebbero**	scriv**erebbero**	dorm**irebbero**

Condizionale irregolare

Just change the ending of the irregular future into **-rei -resti -rebbe** *ecc. (see above):*

verrò > verrei	avrò > avrei	darò > darei
andrò > andrei	saprò > saprei	dirò > direi
berrò > berrei	potrò > potrei	farò > farei

Dovrei, dovrebbe

The conditional of **dovere** + *infinito is the equivalent of 'should':*

dovrei	dovremmo		
dovresti	dovreste	+	*infinito*
dovrebbe	dovrebbero		

Che cosa si dovrebbe fare secondo te?
What should one do, in your opinion?

È un lavoro impegnativo, dovresti chiedere un aumento.

It is a demanding job, you should ask for a rise.

Uses

- **Tentative approach and polite requests:**

  Mi faresti una cortesia? Chiuderesti quella finestra?

  Would you do me a favour? Would you shut that window?

  Mi servirebbe un etto di prosciutto.

  I need a quarter of ham.

  Io suggerirei … *I would suggest …*

- **Intention:**

  Vorrei fare una gita a cavallo.

  I'd like to go horse trekking.

  Ti piacerebbe una lunga vacanza al mare?

  Would you like a long sea holiday?

- **Intention subject to condition, hypothesis**

  Frasi ipotetiche (*conditional sentences*):

condizionale + se + congiuntivo impf / trapassato

  Lo farei se potessi. *I would if I could.*

  Ci andrei subito, se fossi in te.

  I would go straight away, if I were you.

  Ci divertiremmo di più se venissi anche tu.

  It would be more fun if you came as well.

  Se avesse avuto i soldi, avrebbe comprato quella macchina.

  Had he had the money, he would have bought the car.

- **Hearsay, rumour:**

  Il monte premi sarebbe di mezzo milione.

  They say the jackpot is half a million euros.

  I ladri avrebbero trafugato tre dipinti.

  The thieves are said to have taken away three paintings.

Condizionale passato *Past conditional*

condizionale di **essere/avere** + *participio passato*

Avrei voluto venire anch'io.

I would have liked to come as well.

Ti sarebbe piaciuto il concerto?

Would you have liked the concert?

Se non avessi preso il cappotto adesso avrei proprio freddo.

If I had not put on a coat I would be freezing now.

Futuro nel passato (*Future in the past*)

*If the main clause is in the past, a future action in the secondary clause is expressed in Italian with the **past conditional.***

(*now*)	Penso che arriverà lunedì. *I think he will arrive on Monday.*
(*yesterday*)	Pensavo che sarebbe arrivato lunedì. *I thought he would arrive on Monday.*

11.10 Imperativo *Imperative*

Imperativo con tu, voi

	-ARE	-ERE	-IRE
TU	entra	scendi	dormi
VOI	entrate	scendete	dormite
Negative:			
TU	non entrare	non scendere	non dormire
VOI	non entrate	non scendete	non dormite

The **non + infinito** form is also used impersonally in **vietato** *type notices:*

Non fumare   *No smoking*

Non sporgersi dal finestrino.

Do not lean out of the window.

Non parlare al conducente.

Do not speak to the driver.

A few **tu** imperatives are irregular:

essere	**sii**	sii gentile	*be kind*
avere	**abbi**	abbi pazienza	*be patient*
andare	**vai/va'**	va' via	*go away*
dare	**dai/da'**	da' il libro a Tom	*give Tom the book*
fare	**fai/fa'**	fa' presto!	*be quick!*
stare	**stai/sta'**	sta' fermo	*keep still*
dire	**di'**	di' un po'	*listen*

NB. *Personal pronouns, both simple and double, get attached to the end of a regular imperative:*

Scrivi**mi** presto.	*Write to me soon.*
Sveglia**ti**.	*Wake up.*
Dim**melo**.	*Tell me (it).*
Dag**liene** un po'.	*Give him some.*

Imperativo con il lei *(formal)*

This form is borrowed from the subjunctive:

-ARE	-ERE	-IRE
arriv**i**	ved**a**	part**a**
evit**i**	scend**a**	finisc**a**
rientr**i**	scriv**a**	veng**a***

*For irregular verbs, just change the present tense ending -**o** into -**a**:

vengo	>	venga
dico	>	dica
faccio	>	faccia
vado	>	vada
esco	>	esca, ecc.

except for: **dia** (dare), **stia** (stare)

*With the **lei** form, personal pronouns go before the verb as usual:*

Prego, **si** accomodi.	*Do come in.*
Lo dia a mio figlio.	*Give it to my son.*
Non **se ne** dimentichi.	*Do not forget (it).*

11.11 Gerundio *Gerund*

The gerund is invariable:

parl**ando**	(verbi in -**are**)
legg**endo**, usc**endo**	(verbi in -**ere** e -**ire**)

Past gerund:
avendo parlato, avendo letto, essendo uscito, ecc.

The gerund is not an adjective. It expresses the time, the way, the means or the cause of an action. It always has the same subject as the main verb.

L'ho incontrato uscendo di casa. *(while doing, at the same time as)*
I met him as I was going out of the house.

I bambini imparano giocando. *(by doing)*
Children learn by playing/while playing.

Mangiando troppo si ingrassa. *(because of doing)*
If you eat too much you get fat.

Essendo generoso, non pensa mai a sé.
Being a generous person, he never thinks of himself.

Notice the difference with English:

I saw a child crossing the road.
Ho visto un bambino che attraversava la strada.

The woman speaking to Tim is my sister.
La donna che parla con Tim è mia sorella.

- **Stare + *gerundio***
  (forma progressiva, presente e passato)

This is used for both the present and the past continuous tenses:

Non la disturbare, sta dormendo.
Don't disturb her, she is asleep.

Stavo facendo un bagno quando ho sentito un grido.
I was having a bath when I heard a cry.

11.12 Congiuntivo *Subjunctive*

While the indicative expresses factual reality and certainty, the subjunctive expresses subjectivity or uncertainty (opinion, feelings, doubt).

It is found in secondary clauses, usually after **che, sebbene, benché** *and other link words* (**congiunzioni**).

Congiuntivo presente *Present subjunctive*

The first three persons are identical, making it easier to remember. Also notice the characteristic **-ia** *sound.*

Essere e avere:

sia	abbia
sia	abbia
sia	abbia
siamo	abbiamo
siate	abbiate
siano	abbiano

Verbi regolari:

parlare	**ridere**	**dormire**	**finire**
parli	rida	dorma	finisca
parli	rida	dorma	finisca
parli	rida	dorma	finisca
parliamo	ridiamo	dormiamo	finiamo
parliate	ridiate	dormiate	finiate
parlino	ridano	dormano	finiscano

Verbi irregolari:

abbia (avere) **sia** (essere) **dia** (dare)
stia (stare) **sappia** (sapere)

For all other irregular verbs, just change the ending **-o** *of the first person present indicative to* **-a**.

Uses

- *After verbs expressing* **opinion and doubt:**

  Suppongo che sia vero.
  I suppose it's true.

  Credo che tu abbia ragione.
  I believe you are right.

  Penso che rimangano a Bari.
  I think they will stay on in Bari.

  Dubito che arrivino in tempo.
  I doubt they will arrive on time.

- *After verbs expressing* **feelings and emotions:**

  Speriamo che esca il sole.
  Let's hope the sun comes out.

  Mi dispiace tanto che tu non possa venire.
  I am so sorry you cannot come.

  Ho paura che non passi l'esame.
  I am afraid he won't pass his test.

- *After* **impersonal expressions** + **che**:

  È meglio che ci sia una cultura europea.
  It is better to have a European culture.

  Bisogna che i giovani viaggino.
  Young people must travel.

- *After* **benché, sebbene, non è che:**

  Benché ci siano svantaggi, sono contenti.
  They are pleased, although there are disadvantages.

  Non è che costi molto.
  It is not very expensive really.

- *After* **il / la più** + **aggettivo** + **che** (*superlativo relativo*):

  È la persona più interessante che io conosca.
  She is the most interesting person I know.

  È il libro più bello che abbia letto.
  This is the best book I have read.

- *After* **prima che / senza che** *when the subject is different:*

  Rientrate prima che faccia buio.
  Go home before it gets dark.

  Esce senza che si sveglino i bambini.
  He goes out without the children waking up.

- *In* **indirect questions:**

  Mi chiedo che lavoro faccia.
  I wonder what his job is.

Non capisco perché ridano tanto.
I can't understand why they laugh so much.

Congiuntivo passato *Perfect subjunctive*

> *presente congiuntivo di* essere / avere
> + *participio passato* del verbo

Benché siano stati felici, vogliono divorziare.
Although they have been happy together, they want a divorce.

È il libro più bello che abbia letto.
It's the best book I have ever read.

See *Superlativo Relativo*, p.185.

Congiuntivo imperfetto
Imperfect subjunctive

Note the distinctive -ss *sound:*

parlare	vedere	finire
parl**assi**	ved**essi**	fin**issi**
parl**assi**	ved**essi**	fin**issi**
parl**asse**	ved**esse**	fin**isse**
parl**assimo**	ved**essimo**	fin**issimo**
parl**aste**	ved**este**	fin**iste**
parl**assero**	ved**essero**	fin**issero**

Irregular forms:

essere: fossi, fossi, fossi, fossimo, foste, fossero
dire: dicessi
fare: facessi
bere: bevessi
stare: stessi

Credo che fosse un uomo felice.
I believe he was a happy man.

If the main action is in the past, in the secondary clause the imperfect subjunctive or pluperfect is used.

Pensavo che il fumo facesse male.
I thought smoking was bad for you.

Pensavo che avesse cominciato da ragazzo.
I thought he had started as a boy.

Congiuntivo trapassato
Pluperfect subjunctive

> *imperfetto congiuntivo di* essere / avere
> + *participio passato* del verbo

Ero convinta che avessi comprato tu i biglietti.
I was convinced you had bought the tickets.

Se il treno fosse arrivato in orario, ci saremmo incontrati.
If the train had been on schedule, we would have met.

11.13 Infinito *Infinitive*

The infinitive in Italian often has the value of a verbal noun. It is used:

- *to indicate an activity:*

  Mangiare frutta fa bene.
  Eating fruit is good for you.
  Sciare è la sua passione.
  Skiing is her passion.
  Non gli piace mettere in ordine.
  He doesn't like tidying up.

- *after a preposition:*

prima di uscire	*before going out*
dopo essere usciti	*after going out*
senza aggiungere altro	*without adding anything else*

- *after an impersonal expression:*

  È bello rivederti!
  È importante arrivare in orario.
  È una buona idea prendere un tassì.
  È bene fare ginnastica.
  È meglio camminare nei boschi.
  Bisogna finire prima possibile.

NB: Impersonal expressions followed by **che** *(different subject) require the subjunctive (see page 202):*

Bisogna che finiscano presto.
It's necessary that they finish soon.

11.14 Forma passiva
Passive form

> **soggetto** + **essere** + **participio passato** *del verbo principale* + **da...**

Present

Active:

I gatti mangiano i topi.

Passive:

I topi sono mangiati **dai** gatti.

Past

Active:

Ignoti rapinatori hanno rubato due quadri famosi.

Passive:

Due quadri famosi sono stati rubati **da** ignoti rapinatori.

The passive form in Italian is not used as often as in English. The **si** *structure is often used instead* (**si passivante**)*:*

Come si fa?   *How is it done?*
La pasta in Italia si cuoce al dente.
Pasta in Italy is cooked 'al dente'.

In simple tenses the passive can be constructed with **venire** *instead of* **essere***, particularly when explaining a procedure or when the agent is not indicated:*

Il vino italiano viene esportato in tutto il mondo.
Italian wine is exported all over the world.

In passato I libri venivano scritti a mano.
In the past books used to be written by hand.

Lo sciopero verrà proclamato lunedì.
The strike will be announced on Monday.

11.15 si impersonale
'si' structure

Si *(one, you, people) always takes the third person of the verb.*

If the verb has no object or has a singular object:

> **si** + *3rd person singular*

Si arriva in 2 ore circa.
You get there in about 2 hours.

Si cammina abbastanza veloci.
You can walk quite fast.

Da qui si vede il lago.
You can see the lake from here.

If the verb has a plural object:

> **si** + *3rd person plural*

Qui si parlano molte lingue.
Many languages are spoken here.

Dove si comprano i fiori?
Where can you buy flowers?

In advertisements, **si** *is attached to the end of the verb for economy reasons:*

Cerca**si** macchina usata.
Affitta**si** appartamento.
Vendon**si** negozi centrali.

NB. If there is an adjective referring to **si** *or other impersonal expressions, the adjective must be in the plural form (but the verb stays singular):*

> **si**
> **è meglio**   + **essere** + *plural adjective*
> **bisogna**

Quando si è giovani si è ottimisti.
When one is young one is optimistic.

È meglio essere preparati.
It's better to be prepared.

In questo lavoro bisogna essere flessibili.
In this job you must be flexible.

11.16 Strutture speciali
Special structures

Piacere, interessare, servire, mancare

A loro piace il golf, a noi piace il calcio.
They like golf, we like football.

Purtroppo non gli interessano le materie scientifiche.
Unfortunately he is not interested in the sciences.

Mi è piaciuto davvero quel film.
I really like that film.

(enfasi)	(senza enfasi)	(una cosa sola: singolare)	(più cose: plurale)
a me	mi	piace	piacciono
		il teatro	i gamberi
a te	ti	interessa	interessano
		lo sport	i libri gialli
a lui/lei a Gino/Pia	gli/le	piace sciare	
a noi	ci	piace	piacciono
		cucinare	i dolci
a voi	vi	interessa	interessano
		il jazz	le lingue
a loro	gli/a loro	piace	piacciono
		l'opera	le feste

Servire and **mancare** *have the same structure as* **piacere** *and* **interessare**:

Ti serve qualcosa? Sí, mi servono altri due bicchieri.
Do you need anything? Yes, I need two more glasses.

Quanto manca all'inizio della partita? Mancano solo cinque minuti.
How long to the start of the match? Only five minutes (are left).

Ci vuole, Ci vogliono

The third person singular and the third plural of **volere** *are used in the sense of 'it takes':*

Quanto ci vuole per arrivare a San Pietro?
How long does it take to get to San Pietro?

Ci vuole un bel coraggio!
It takes some courage!

Venti anni fa non ci volevano tanti soldi per comprare una casa.
Twenty years ago you didn't need a lot of money to buy a house.

Bisogna *(impersonal)*

Bisogna *(it is necessary) is followed either by an infinitive:*

Bisogna far presto.   *We must be quick.*

or by **che** + *subjunctive:*

Bisogna che impari. *He needs to learn.*
Bisognava che prendessero il treno delle 5, ma
They needed to get the 5 o'clock train but…

NB. *The verb* **bisognare** *is never used with a personal subject. 'To need something' is expressed by* **avere bisogno di**:

Hai bisogno di qualcosa?
Do you need anything/

Ho freddo! Ho bisogno di un golf.
I'm cold! I need a jumper.

11.17 Verbi che vogliono 'essere' nei tempi composti

accadere	*to happen*
affogare	*to drown*
andare	*to go*
apparire	*to appear*
arrivare	*to arrive*
aumentare	*to increase*
avvenire	*to happen*
bastare	*to be enough*
cadere	*to fall*
capitare	*to happen by chance*
costare	*to cost*
crescere	*to grow*
dimagrire	*to get thin*
diminuire	*to diminish*
dispiacere	*to be sorry*

diventare	to become
durare	to last
entrare	to enter, get in
essere	to be
fuggire	to run away
guarire	to get well
impazzire	to go mad
ingrassare	to grow fat
invecchiare	to grow old
migliorare	to get better
morire	to die
nascere	to be born
parere	to seem
partire	to leave
passare	to pass
peggiorare	to get worse
piacere	to like
restare	to stay on
rientrare	to return
rimanere	to stay, remain
ritornare/tornare	to return
riuscire	to succeed, manage to
salire	to go up
scendere	to go down
scomparire	to disappear
sembrare	to seem
servire	to be of use
stare	to stay
succedere	to happen
uscire	to go out
venire	to come

11.18 Verbi e preposizioni
Verbs and prepositions

Verbi senza preposizioni in italiano (transitivi)

ascoltare (qn, qc*)	*(to listen to)*
aspettare (qn, qc)	*(to wait)*
cercare (qn, qc)	*(to look for)*
chiedere (qc)	*(to ask for)*
guardare (qn, qc)	*(to look at)*
pagare (qc)	*(to pay for)*

Verbi + a + infinito

aiutare qn a	to help (sb) to
cominciare a	to begin to
continuare a	to continue to
decidersi a	to decide
divertirsi a	to enjoy…ing
imparare a	to learn to
iniziare a	to begin to
mettersi a	to start to/set off
provare a	to try to
prepararsi a	to get ready to
rinunciare a	to give up…ing
riuscire a	to succeed in/ to manage to
servire a/per	to be used/needed for

Verbi + di + infinito

accettare di	to accept to
cercare di	to try to
chiedere (a qn) di	to ask (sb) to
consigliare (a qn) di	to advise (sb) to
dimenticarsi di	to forget to
dire (a qn) di	to tell sb to
evitare di	to avoid …ing
far finta di	to pretend to be …ing
impedire (a qn) di	to prevent sb from …ing
permettere (a qn) di	to allow sb to
pensare di	to think of …ing
proporre di	to propose to
ricordarsi di	to remember to
rifiutare/rifiutarsi di	to refuse to
rischiare di	to risk …ing
suggerire di	to suggest …ing

> * abbreviations:
> qn = qualcuno
> qc = qualcosa

Vocabolario funzionale Functional vocabulary

This vocabulary contains all the words and expressions used in the instructions to the exercises.
* abbreviations:
  qn = qualcuno
  qc = qualcosa

accanto a	*next to*	cosa vuole dire?	*what does it mean?*
adatti/adattate	*adapt*	cosa vogliono dire	*what do these words*
affermazione	*statement*	queste parole?	*mean?*
aggiunga	*add*	critica	*criticism*
aggiungendone altre	*adding others*		
aiuti	*help*	da notare	*please note*
al massimo	*at the most/maximum*	dare un consiglio	*to give advice*
almeno	*at least*	da solo	*individually*
al posto di	*in place of*	decida/decidete	*decide*
altrettanto	*the same*	descriva/descrivete	*describe*
ampliare	*to increase*	dia/date consigli	*give advice*
appena	*just*	dica/dite a	*tell*
ascolti/ascoltate	*listen*	non dimentichi/dimenticate	*do not forget*
si attacca	*is attached*	di nuovo	*again*
attenzione!	*please note*	discussione	*discussion*
a turno	*in turn*	discutere	*to discuss*
avete notato?	*have you noticed?*	discutete	*discuss*
avviso	*notice*	ditevi	*tell each other*
		domanda	*question*
brano	*passage, extract*	dopo aver ascoltato	*after listening*
		dopo averlo scritto	*after writing it*
cause e consequenze	*causes and*	dopo aver letto	*after reading*
	consequences	dunque	*then/well/so*
cerchi/cercate di…	*try and …*		
che cosa vede?	*what do you see?*	è d'accordo	*you agree*
che differenza c'è?	*what is the difference?*	è possibile…?	*is it possible…?*
che mancano	*missing*	espandere	*to increase*
che ne pensa/pensate di…?	*what do you think of…?*	espressioni idiomatiche	*idiomatic expressions*
che vuol dire?	*what does it mean?*	esprimere opinioni	*to express opinions*
chiave	*key*		
chieda/chiedete a	*ask*	faccia/fate	*do, make*
chi dice…?	*who says?*	faccia lo stesso	*do the same*
chi è?	*who is it?*	fare domande	*to ask questions*
collegando	*linking*	fate la conversazione	*talk 'about it'*
come è andata?	*how did it go?*	fate quanti più paragoni	*make as many*
come ha fatto?	*how did you/he/she*	potete	*comparisons as you*
	do it?		*can*
come mai?	*why?*	fatevi le domande	*ask each other the*
cominci così	*start like this*		*questions*
cominci subito	*start immediately*	figura	*picture, illustration*
compagno	*partner*	frasi	*sentences*
completi/completate	*complete*	freccia	*arrow*
con chi è d'accordo?	*who do you agree with?*		
confronti/confrontate con	*check/compare with*	grafico	*diagram, graph*
continui/continuate	*continue*	guardi/guardate	*look at*
controllari	*opposite*		
contrario	*check*	ha/avete indovinato?	*did you guess?*
controlli/controllate	*copy*		
copi/copiate	*correct*	immagini/immaginate	*imagine*
corregga/correggete		in cui	*in which*
cosa pensa di…?	*what do you think of…?*		

indicare	to indicate	resoconto	report
indichi/indicate	show/indicate	riascolti/riascoltate	listen again
indovini/indovinate	guess	riassuma/riassumete	summarise
in gruppo	in a group	riassunto	summary
inizi/iniziando	start/starting	richiesta	request
insieme	together	ricordate?	do you remember?
intervista	interview	ricostruisca/ricostruite	sort out/reconstruct
introdurre	to introduce	riempia/riempite	complete/fill in
		rilegga/rileggete	read again
lavori con un compagno	work with a partner	rimetta/rimettete al	put in the right place
lavorando	working	posto giusto	
legga/leggete	read	riquadro	box
lei fa la parte di…	you take the part of/	riscriva/riscrivete	write again
	you are…	risponda/rispondete a	answer
lo sapevate?	did you know?	risposta	answer
manifesto	poster	sa/sapete già	you know already
metta/mettete	put	sequenza	sequence
metta in ordine di priorità	put in order of priority	scelga/scegliete	choose
		scambiatevi i ruoli	swap roles
ne parli	talk about it	scegliendo	choosing
non più di	not more than	scheda	diagram, grid
non si può	you can't/it is not possible	scheda personale	personal information form
ogni	each	scopra/scoprite	discover
ognuno	everyone/each	scriva/scrivete	write
ora	now	secondo lei/voi	for you
		segni/segnate	tick
paragone	comparison	segua/seguite	follow
parlatene/ne parli	talk about it	seguente	next/following
parole chiave	key words	senza guardare/riascoltare	without looking/
pensi/pensate (a)	think about/of		listening again
per	for, (in order) to	si riferisce/riferiscono (a)	it refers/they refer (to)
per casa	homework/to do at	si trova/si trovano	is/are
	home	significato	meaning
perché	why?	si usa/usano	is/are used
per esempio	for example	si accorda con	it agrees with
personaggio	character/person	sondaggio	survey
precedenti	previous	sopra	above
prenda/prendete	take notes	sostituisca/sostituite	substitute
appunti/nota		sotto	below
prepari/preparate	prepare	sottolinei/sottolineate	underline
presenti/presentate	present	spieghi/spiegate	explain
preso in prestito da	taken from	studi/studiate	study
prima di leggere/ascoltare	before reading/listening	suggerire	to suggest
(la) propria opinione	one's own opinion		
protestare	to protest	traduca/traducete	translate
provi/provate (a)…	try and…	trasformi/trasformate	change
punto di vista	point of view	trovi/trovate	find
qual'è? quali sono?	which one is…/which	uno di voi	one of you
	are…	usando/utilizzando	using
quali di questi…?	which of these…?	usi/usate	use
quello che dice	what he/she is saying		
		vada/andate a	go to
raccontare	to tell (narrate)	vediamo	let's see
radice	root	velocemente	quickly
registri/registrate	record	vignetta	joke

Verbi Regolari e Irregolari

VERBI REGOLARI

		-ARE verbs	-ERE verbs	-IRE verbs	-IRE (*ISC*) verbs
INFINITO		PARLARE	CREDERE	PARTIRE	CAPIRE
INDICATIVO	PRESENTE	parlo parli parla parliamo parlate parlano	credo credi crede crediamo credete credono	parto parti parte partiamo partite partono	capisco capisci capisce capiamo capite capiscono
	PASSATO PROSSIMO	*ho parlato*	*ho creduto*	*sono partito/a*	*ho capito*
	IMPERFETTO	parlavo parlavi parlava parlavamo parlavate parlavano	credevo credevi credeva credevamo credevate credevano	partivo partivi partiva partivamo partivate partivano	capivo capivi capiva capivamo capivate capivano
	TRAPASSATO	*avevo parlato*	*avevo creduto*	*ero partito/a*	*avevo capito*
	FUTURO	parlerò parlerai parlerà parleremo parlerete parleranno	crederò crederai crederà crederemo crederete crederanno	partirò partirai partirà partiremo partirete partiranno	capirò capirai capirà capiremo capirete capiranno
	FUTURO ANTERIORE	*avrò parlato*	*avrò creduto*	*sarò partito/a*	*avrò capito*
CONGIUNTIVO	PRESENTE	parli parli parli parliamo parliate parlino	creda creda creda crediamo crediate credano	parta parta parta partiamo partiate partano	capisca capisca capisca capiamo capiate capiscano
	PASSATO	*abbia parlato*	*abbia creduto*	*sia partito/a*	*abbia capito*
	IMPERFETTO	parlassi parlassi parlasse parlassimo parlaste parlassero	credessi credessi credessi credessimo credeste credessero	partissi partissi partisse partissimo partiste partissero	capissi capissi capissi capissimo capiste capissero
	TRAPASSATO	*avessi parlato*	*avessi creduto*	*fossi partito/a*	*avessi capito*
CONDIZIONALE	PRESENTE	parlerei parleresti parlerebbe parleremmo parlereste parlerebbero	crederei crederesti credebbe crederemmo credereste crederebbero	partirei partiresti partebbe partiremmo partireste partirebbero	capirei capiresti capirebbe capiremmo capireste capirebbero
	PASSATO	*avrei parlato*	*avrei creduto*	*sarei partito/a*	*avrei capito*
IMPERATIVO		-	-	-	-
	(tu) *(lei)* *(noi)* *(voi)* *(loro)*	parla *(tu)* parli *(lei)* parliamo *(noi)* parlate *(voi)* parlino *(loro)*	credi *(tu)* creda *(lei)* crediamo *(noi)* crediate *(voi)* credano *(loro)*	parti *(tu)* parta *(lei)* partiamo *(noi)* partite *(voi)* partano *(loro)*	capisci *(tu)* capisca *(lei)* capiamo *(noi)* capiate *(voi)* capiscano *(loro)*
GERUNDIO		parlando	credendo	partendo	capendo
PARTICIPIO PASSATO		parlato	creduto	credendo	capito

VERBI IRREGOLARI

ANDARE	*Presente*	vado, vai, va, andiamo, andate, vanno
	Futuro	andrò, andrai, andrà, andremo, andrete, andranno
	Imperativo	va/vai, vada, andiamo, andate, vadano
AVERE	*Presente*	ho, hai, ha, abbiamo, avete, hanno
	Futuro	avrò, avrai, avrà, avremo, avrete, avranno
	Presente Cong.	abbia, abbia, abbia, abbiamo, abbiate, abbiano
	Imperativo	abbi, abbia, abbiamo, abbiate, abbiano
BERE	*Presente*	bevo, bevi, beve, beviamo, bevete, bevono
	Futuro	berrò, berrai, berrà, berremo, berrete, berranno
	Imperfetto	bevevo, bevevi, beveva, bevevamo, bevevate, bevevano
DARE	*Presente*	do, dai, dà, diamo, date, danno
	Futuro	darò, darai, darà, daremo, darete, daranno
	Presente Cong.	dia, dia, dia, diamo, diate, diano
	Imperativo	dà/dai, dia, diamo, date, diano
DIRE	*Presente*	dico, dici, dice, diciamo, dite, dicono
	Imperfetto	dicevo, dicevi, diceva, dicevamo, dicevate, dicevano
	Imperativo	dì, dica, diciamo, dite, dicano
DOVERE	*Presente*	devo/debbo, devi, deve, dobbiamo, dovete, devono
	Futuro	dovrò, dovrai, dovrà, dovremo, dovrete, dovranno
	Presente Cong.	debba, debba, debba, dobbiamo, dobbiate, debbano
ESSERE	*Presente*	sono, sei, è, siamo, siete, sono
	Futuro	sarò, sarai, sarà, saremo, sarete, saranno
	Imperfetto	ero, eri, era, eravamo, eravate, erano
	Presente Cong.	sia, sia, sia, siamo, siate, siano
	Imperfetto Cong.	fossi, fossi, fossi, fossimo, foste, fossero
	Imperativo	sii, sia, siamo, siate, siano
FARE	*Presente*	faccio, fai, fa, facciamo, fate, fanno
	Futuro	farò, farai, farà, faremo, farete, faranno
	Imperfetto	facevo, facevi, faceva, facevamo, facevate, facevano
	Imperativo	fà/fai, faccia, facciamo, fate, facciano
POTERE	*Presente*	posso, puoi, può, possiamo, potete, possono
	Futuro	potrò, potrai, potrà, potremo, potrete, potranno
RIMANERE	*Presente*	rimango, rimani, rimane, rimaniamo, rimanete, rimangono
	Futuro	rimarrò, rimarrai, rimarrà, rimarremo, rimarrete, rimarranno

SAPERE	Presente	so, sai, sa, sappiamo, sapete, sanno
	Futuro	saprò, saprai, saprà, sapremo, saprete, sapranno
	Presente Cong.	sappia, sappia, sappia, sappiamo, sappiate, sappiano
	Imperativo	sappi, sappia, sappiamo, sappiate, sappiano
STARE	Presente	sto, stai, sta, stiamo, state, stanno
	Futuro	starò, starai, starà, staremo, starete, staranno
	Presente Cong.	stia, stia, stia, stiamo, stiate, stiano
	Imperfetto Cong.	stessi, stessi, stesse, stessimo, steste, stessero
	Imperativo	stà/stai, stia, stiamo, state, stiano
USCIRE	Presente	esco, esci, esce, usciamo, uscite, escono
VENIRE	Presente	vengo, vieni, viene, veniamo, venite, vengono
	Futuro	verrò, verrai, verrà, verremo, verrete, verranno
VOLERE	Presente	voglio, vuoi, vuole, vogliamo, volete, vogliono
	Futuro	vorrò, vorrai, vorrà, vorremo, vorreste, vorrebbero

PARTICIPIO PASSATO IRREGOLARE

APRIRE	aperto
BERE	bevuto
CHIEDERE	chiesto
CHIUDERE	chiuso
DECIDERE	deciso
DIRE	detto
ESSERE	stato
FARE	fatto
LEGGERE	letto
METTERE	messo
MORIRE	morto
NASCERE	nato
OFFRIRE	offerto
PERDERE	perso
PRENDERE	preso
RIMANERE	rimasto
RISPONDERE	risposto
SCEGLIERE	scelto
SCRIVERE	scritto
SMETTERE	smesso
SPENDERE	speso
SUCCEDERE	successo
VEDERE	visto
VENIRE	venuto
VINCERE	vinto
VIVERE	vissuto

Indice analitico Index

Bold numbers refer to Units; numbers preceded by G refer to the Grammatica. starting on p.182.